U0016923

風水經典 上

衍易女史 ◎ 著

風水經典 上冊 目錄

第三篇　庭院與大門

第四篇 風水調氣

自序

　　作為專業的風水諮詢師，同時又主持一個命理風水研習班，我遇到的對風水命理有興趣的朋友，自然要比一般人多些。感覺上，這些古人留下來的智慧遺產，並不是沒有人相信；很多時候，是找不到正確的入門途徑。

　　因此，在從事風水命理的研究三十多年之後，寫一套淺顯平易，對讀者具有實用價值的風水命理叢書，成為我近年來的心願。

　　"風水經典"，就是這套叢書的第一部。

　　這本書能順利問世，在圖片部分，得到休士頓華門工作室謝慕舜老師的許多指點；在文字部分，經過好友趙悌女士的細心校對。我在這裡對兩位致上誠摯的謝意。

　　繼風水經典之後，衍易叢書中其他的著作將在一、兩年內陸續出書。有關最新的出版消息，可以在我們的網站www.FengShuiForYou.com上看到。

　　最後，我要特別感謝外子。他可以說是我的最忠實，也最嚴苛的讀者。叢書的每一篇文章，都由他最先過目；只要有一點說明得不夠清楚明白，絕對不肯輕易放過。如果讀者諸君覺得這套書確實易讀易懂，他的功不可沒。

衍易

第一篇　住宅風水基本觀

風水的能與不能

二十一世紀真是中國人的世紀，隨著網路科技的澎湃發展，命相、占卜、風水這些中國文化中的精粹，都傳播到世界各地，成為現代的新貴。

尤其風水，不但在香港、台灣風行已久，就連歐美各國，也有許多老外篤信不疑。作者從1997年辭去程式設計的工作，在美國專任風水諮詢師以來，金髮藍眼的內行碰到不少。其中有些人不但像模像樣的手持羅經，連‘子午分金’、‘八宅三運’這些風水術語，也能朗朗上口。

剛開始遇到這些洋風水通，不免大吃一驚，到現在早已經見多不怪了。

有些人認為風水是迷信，根本不值一顧。

有些人認為風水萬能；只要住宅風水好，人生沒有不能解決的問題。

這兩種人的看法各走極端，對風水的認知可以說都不夠正確。

對風水的兩極看法

風水究竟是不是可信？一般人對此多半抱有兩極的態度：

不相信的人嗤之以鼻，認為風水之說根本荒謬，是所謂‘舊社會的迷信’。相信的人卻認為風水學能解釋一切：壞風水就像孫悟空頭上的緊箍咒，是招災惹禍的根苗；好風水則如同六合彩的明牌，能呼風喚雨，讓你想什麼就有什麼。

在我的客戶中（會找風水師看風水，當然是屬於相信的一類），有希望藉調整風水馬上名登富豪榜的、有希望改變風水以求事業上立刻就鴻飛鵬舉的；更不可思議的是，居然還碰到過有人背地裡悄悄問我：'有沒有什麼方法，可以讓我能沒有麻煩的包個二奶，享享齊人之福啊？'

碰到這種情形，常常教我啼笑皆非。這些人也真是把風水師看得太神通廣大了。

因為有過這些經驗，今天在這裡談風水，我深深覺得需要開宗明義，先說明風水的'能力'到底有多大。

買一個電鍋，你會期待它能煮出香噴噴的米飯；買一套音響，你會希望能經由它得到原音重現。

調整風水，你到底能得到什麼呢？

命是倉庫，運是車

古人論性命，有'一命、二運、三風水、四積陰德、五讀書'的先後順序。積陰德與讀書和我們今天的論題無關，姑且先放在一邊不談（作者論命多年，有很多奇特的經驗和積陰德與讀書有關，以後有機會要專文介紹），這裡只論命、運與風水。

命是命格，運是行運。命格有富貴貧賤的差別；好比是每個人儲存生命資源的倉庫，容量的大小因人而異。行運則如同運送資源的車輛；由於時間點不同，運送資源的車輛也大不相同。其中的差異，可能有天壤之別。

就拿錢財來說：所謂命格屬於富格的人，就表示這個人命中帶有很大的財庫。

當這位仁兄的行運走上‘財運’的時候，簡直是開了滿載的貨櫃車往財庫裡送錢，當然是進得快、存得多，發得不得了。

但是倘若他一輩子都走不上‘財運’呢？財富的累積就會像用牛車運錢，速度既慢、承載的數量也少，以致空有偌大一個財庫，真正積存下來的卻不多。

所以倉庫大，並不能保證倉庫裡一定有貨物。俗話說：‘命好不怕運來磨’，在某些情況之下（譬如說：命格雖然好，但是卻一生都走不到好運上），未必能符合事實。無論命有多好，沒有好運，恐怕還是風光不起來的。

好風水是推舟的順水，壞風水是頂頭風

明白命與運的關係之後，我們就該探討：風水在這裡扮演的又是什麼角色呢？可以說它是貨運時所經過的道路。

（請注意：這本書主要探討的是居家風水。至於陰宅風水，所扮演的角色就大不相同了。）

住宅的風水好，好比有平坦的八線大道直通財庫；就算當時行運非常不理想，屬於老牛拖破車的情況，也能因為路況好而省時省力，

有機會多搬幾個來回。

　　住宅的風水壞，相當於坑坑窪窪的泥濘小道；不但使車行不順，嚴重的時候還可能有發生車禍的危險。即使當事人命好又逢運好，也會因為住宅的風水不好，在實際人生的表現上大打折扣。

　　換句話說，好風水如同順水推舟，壞風水就成了行運上的頂頭風。

不能改變命格

　　風水的影響既然只是道路的作用，因此它的功效就有一定的限制：風水不能改變一個人先天的命格。一個貧賤的命格，再好的風水，也只可能把他變成小康，沒有辦法升級成大富大貴之命。

　　但是風水絕對能改變你的心情。公司或者住宅的風水好，主人諸事順心，自然會神清氣爽，感覺明天會更好。具備這種心態的人，做起積陰德的事來，或者讀起書來，絕對比一般人更加輕鬆愉快。風水之所以常常被人認為能改造命運，這是真正的原因。

　　倘若住家風水不好，容易遇到意想不到的困擾，就難免在心煩氣躁之下招災惹禍，形成惡性循環。壞風水還會拖垮一個人的健康；青山如果發生土石流，那裡還能談有沒有柴火可燒？

調整風水不是說繞口令，不可能會有'吃葡萄不吐葡萄皮，不吃葡萄倒吐葡萄皮'的效果。

不過好風水可以讓人有機會收成好葡萄，還能更進一步釀成醇美的葡萄酒。

喝葡萄美酒的時候，還真是沒看過有人會吐葡萄皮的。

催運的力量不容輕視

風水雖然沒有‘改命’的功能，但是卻能發生‘催運’的作用。

什麼叫作‘催運’？

譬如說：催桃花，就能讓姻緣早日成就。

這是指命中原來應該有配偶的人，只因為行運不對，老是陰錯陽差，遇不到情投意合的對象。如果在風水上作適當的調整，就能改變本身的氣場，有助於早日遇到彼此有情的人，早成眷屬。

再譬如說：催官運，能讓職務上的升遷成為可能。

這是指命中有可能任高職的，但是礙於行運不佳，升來升去總升不到自己。這時候在風水上作一些調整，去晦氣、納吉祥，絕對有助於把握下一次的升遷。

還有就是催財了。

譬如說做生意的人，假如商店的大門開得不對，櫃台收銀機放錯了位置，以致店裡的人氣不夠，進財不充裕。這時候調整風水，在氣旺的地方開門，在財位上收錢，可以有提高人氣，廣進財源的效果。

不過風水只能夠‘催運’，不能‘無中生有’。就像土裡面如果沒有西瓜籽，無論如何澆水施肥，都不可能長得出西瓜來。假如有風

風水能讓一個人命中原有的好運，來得更快、更多、更圓滿。

同時也能讓一個人生命中原來會發生的災厄，大事化小小事化無。

真正運用得宜的話，甚至還有可能把危機變作轉機，發生化凶為吉的強力效果。

水師宣稱：'只要風水好，沒有西瓜籽也能長西瓜'，應該改行做魔術師，必然成就驚人。

盡信書不如無書

從事專業風水諮詢工作，我當然希望大家都能瞭解風水、認識風水、相信風水，懂得如何藉用風水的力量。

不過看看兩岸三地談到風水的網頁，深深感覺有些人迷信風水，已經到走火入魔、影響生活的地步。打開窗戶，固然滿眼是煞；走進家門，也感覺處處都是風水的忌諱；還有些人甚至到了連床都找不到地方安置的地步。

這個樣子講風水，會使神經緊張，日子變得非常難過。本工作坊出這套"風水經典"，就是希望能讓大家對風水有正確的觀念，進而利用風水來幫助自己的日子過得更好、更順暢。

風水vs行運

在前一篇'風水的能與不能'中，曾經對風水和行運的關係，作了一個概略的介紹。現在要談的是：不同的風水遇到不同的行運，會發生什麼樣的結果。

行吉運，住福宅

什麼樣的人，命最好？當然莫過於'父是宰相兒狀元，家有賢妻萬畝田'，一生無憂無慮，簡直不知道煩惱為何物。

什麼時候，人的運氣最好呢？應該算是'行吉運時住吉宅'了。這就好比在高速公路上開法拉利，真是又拉風，又舒適。就算命局不高，沒有辦法與擁有私家豪華噴射機的人相比，也一樣能心曠神怡，感覺萬事如意。

一般來說，運氣強旺的時候買房子，很容易買到吉宅。而且買賣的過程，多半輕鬆愉快，就像是在路上不小心踢到一錠黃金一樣，可以說'得來全不費工夫'。

風水師每遇到這一類的住宅，幾個小時工作下來，會覺得自己好像專程被請來簽發一個'吉屋鑑定書'似的，找不到什麼需要化煞解忌的地方；就算略作一、二處的調整，也多半是錦上添花。

在高速公路上開法拉利，車行平穩，速度飛快，讓人覺得心曠神怡，萬事如意。

行吉運時住吉宅，就會有同樣的舒暢感。

很有趣的是，像這樣子的吉屋，因為會蓄積吉氣，轉手的時候，不但能輕鬆賣出，而且買主通常也是正行好運的人。

行背運，住煞宅

古人常說：屋漏偏逢連夜雨，船破更遇頂頭風；運氣不好的時候置產，就容易挑到風水不好的住宅：不是外在環境煞氣重重，就是內裡格局問題多多。如果家具的位置再放得不恰當，就好像在火藥庫裡點起一根火把一樣，本來還有可能避得過的意外和災厄，也會一件接一件的發生，讓人心驚。

勘查這一類的住宅最辛苦。明明看到風水上帶煞，但是這些煞卻往往既不能化，又不能制。還有些個案，就算把大門拆了改個方向，也會避了這頭卻又傷到那頭，最多只能做兩害相權取其輕的處置。

像這樣的屋子，自然蓄積不吉之氣。風水上有所謂的‘前手問題’，就指前一任屋主的不幸遭遇，無論是離婚、破產或者意外傷亡，多多少少都會在屋子裡留下一些凶煞惡氣。

偏若同一棟房子轉手兩三次，住進來的都是走背運的人，煞氣越積越重，很難清除乾淨。

所以買房屋的時候，除了地點、大小、房價之外，了解前任屋主的大概際遇，也應該列入重要的考慮事項。

一個人在流年不利的時候，人生就好像駕著一艘船蓬漏水、船底有洞的小舟，整天麻煩不斷。

這時候如果住宅的風水也不好，就等於讓這艘破船行駛在驚濤駭浪之中，叫人怎能不心驚膽寒！

運氣不錯，風水不佳

如果一個人在運氣還不錯的時候，卻不幸住在或遷入一棟風水有問題的住宅，會使自己的好運被打得七折八扣。遇到這種情況，調整風水就能發揮最大的效果。

住宅的風水要分內外兩部份看。外在的風水指環境；內在的風水指格局。

房屋的外在環境，屋主無法掌控。萬一有煞氣存在（請參考第76頁‘房屋外面的煞氣’），風水師只能指點你如何對應。對付小煞，或者化解、或者制服；倘若碰到真正的惡煞，還是避開為上策。不過也有些煞氣，經過調整之後，甚至有可能被轉化為吉氣，這就要看風水師的功力如何了。

內在的風水，主要看房屋本身的格局。已經蓋好的房子，不容易在整體結構上做改變，如果是設計上的問題，有時候確實讓人很傷腦筋。

（倘若房子有前後庭院，設法在院子面裡加加減減，藉調整陰陽的方法，求得某種程度的平衡，是一種變通措施）。

至於隔間與佈置，改變起來就簡單多了。拿臥室來說，往往只要‘換人睡睡看’，就能從根本上解決問題。

運氣好的時候住在風水不好的房子裡，最容易有好事多磨的情況發生。譬如說：職務該升遷了，卻被別人占了缺；已經談好的生意，到臨時變了卦；原來恩愛的夫妻，現在口舌頻頻；順理成章的事，偏偏節外生枝。

如果搬家之後老是遇到這類疙疙瘩瘩的事，就應該考慮有可能是風水上發生問題。堅持'不信邪'，只是和自己及住在一起的家人過不去，害不了別人。

運氣不好，風水不錯

也有人在運氣並不算好的時候，卻能搬進旺宅。命理上來說，恐怕就只有在'四積陰德、五讀書'中求解釋了。

前一章'風水的能與不能'（見第2頁）中提到過：風水不能改命，但是可以催運。風水的作用和行運的作用，有互相牽連影響的地方。換句話說，行運雖然不好，要是住家的風水好，確實能產生'補運'的功能。別的不說，至少能讓心情穩定平和，讓屋主有機會走出陰霾，在平穩安定中求進步。

為這一類的房屋調氣，由於風水好，沒有必要在避煞上太下功夫，重心多數放在培養生旺之氣上。看到運氣本來不順的朋友，因為住家的風水調整得宜，生活得越來越趁心遂意，會讓風水師非常有成就感。

作者因風水而結緣的好朋友不在少數，多半是這種情形下熟識起來的。

為自己開創幸福生活

越了解風水命理，越體會到人不能不樂天知命。命格天定，確實難以改變。行運雖然有伸縮的餘地，其中變化也多半不是自己所能控制。想要掙脫命運的擺佈，真是談何容易。

不過老天爺確實在人生的軌跡上，留給我們一些自我創造的餘地。像風水、積陰德和讀書，都是我們自己能有控制權的事，應該要好好把握才對。

行運好，風水不好	行運不好，風水好
現象：做事先易後難。 開始時順順當當的事，常常在節骨眼上起變化。眼看著就要到口的肥肉，結果落進別人的嘴巴；眼看著就要到手的鈔票，最後飛進別人的口袋。 最忌諱的心態： 驕傲自大，得意忘形。	現象：做事先難後易。 事情在剛開始的時候往往疙疙瘩瘩，麻煩不斷。不過倘若能堅持到底，往往柳暗花明，能於危機中發現轉機，在最後關頭獲得圓滿成功。 最需要的修養： 堅強的意志與決心。

看風水要因地制宜
—— 從美國與台灣風水的差異談起

　　小時候隨伺在先祖父身邊，有一次聽到他和一位韓老先生談論國醫之術。韓老先生特別提到：'即使體質相同的人生同樣的病，因為季節以及地域性的差異，用藥的時候在藥材的種類和份量上，還是需要做相當程度的調整，不可以完全相同的方子抓藥。'先祖父因此稱譽韓老先生'知醫道之變通'。

風水這門學問也是一樣，必需要因地制宜，趕得上時代的變遷；如果一味墨守成規，泥古不化，總有一天會被淘汰。

　　舉個例子來說，同樣格局的房子，蓋在台灣和蓋在美國，風水上所表現的吉凶就不會全然相同。

風水萬萬煞

　　台灣這幾年風水業蓬勃發展，據說電視上經常出現與風水相關的節目。對振興風水業來說，當然是一個好現象，讓像作者這樣有心鑽研風水的人，感覺非常驚喜。

　　看到台灣的風水業能人輩出，在理氣方面有高明的見解，對坐向安排也有創新的闡述，一片欣欣向榮。但是同時也發現居然有些人棄

正途不走，以偏取勝，畸形發展出‘風水
萬萬煞’的結果來，又不禁令人憂心。

法器在歐美不是必要

　　台灣因為地少人多，住房擁擠，再加
上小型商業區和住宅區的界限模糊，本來
就容易發生‘開門見煞’的情況。不知道
是不是為了增加這些‘開運制煞風水吉祥
物’的銷售量，憑空又無端端‘製造’出
許多煞來，把大家的生活弄得草木皆兵。
這種作法，就長遠來看，對風水的推廣恐
怕會產生相當負面的影響。

　　相形之下，歐美的住家環境比較單純，
建蔽率也低，相鄰的房屋中間多少會有些距
離，因此會貼近到住宅面前來的煞氣要少
得多。一般的輕煞和遠煞固然容易化解，
偶爾發生的重煞和近煞也多半不難減輕，
倒不一定非要動用到所謂的‘法器’與‘
吉祥物’不可。

　　也幸而如此，否則真要外國人為了調
整風水而在大門上掛一排希奇古怪的玩意
兒，恐怕風水不容易被他們接受。

高速公路不一定是煞

　　無論在大陸或者在台灣，高速公路的
里數都在快速成長。這本來是國家現代化

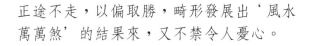

的必然趨勢，但是因為高速
公路上汽車的數量既多，速
度又快，竟然被某些風水家
判定與‘急流水’同屬一
類，登上了風水殺手的排行
榜。

不過以作者多年鑑定風
水的經驗來看，高速公路絕
不像‘急流水’那般險惡。
尤其因為上面多半是雙向行
車的緣故，對氣所產生的作
用更和單向的‘急流水’不
同。除非高速公路在住宅前
呈‘反弓’狀經過，否則不
能一概以煞氣論。

高速公路在風水上確實有形成煞氣
的可能，不過只能說是或然，並不
是必然。與急流水的煞氣深重，不
能等量齊觀。

美國高速公路兩旁常有商業區，甚至還有
緊鄰住宅區的可能。商店或住宅的氣口一旦與
高速公路的氣發生關連，吉凶的力量確實來得
快而顯著。

作者鑑定過不少因為高速公路而得旺氣的
住宅與商店，所以在這裡要特別為朋友指出：
千萬不要遇到高速公路就當作是煞氣來看。

倒是高速公路所製造的‘聲煞’確實不容
忽視。好在現在很多地方都有隔音牆的修建，
噪音十去八九，更大幅度的減少了高速公路在
風水上所形成的禍害。

車房對進氣有很大的影響

台灣因為住宅多半在公寓大廈之中，大廈的入口並不是自家的大門，因此在住宅坐向的確認上頗多爭議。

（有些風水家因此認為，陽台比大門對風水所發生的影響要大，所以有以採光面來決定房屋坐向的新興說法，請參考下冊的'門窗風水'）

住宅的進氣與家人的進出息息相關。有些家庭，進出全走車房，大門形同虛設。雖然在自己的吉方開門，其實並不能享受得到吉氣。

在美國則因為住家多屬獨棟建築，所以建築物大門與宅向不同的問題不多見。不過這裡的住家多半附有車房；平時家人從車房或側門進出的機會，比使用大門多。如果車房門和大門不同方向，也會有進氣方位的問題。看風水倘若忽略了坐向不同的車房門，在調整風水的時候，難免會發生誤差。

四獸跟著風水轉

住宅風水對四周環境的基本要求是：左青龍，右白虎，前朱雀，後玄武。這四獸之中，最篤定的大約就是玄武（烏龜）了。幾乎所有的風水家都認為：玄武的地勢要高，氣勢要安定，才能多得貴人的幫助，屬於好風水。

美國的房地產因為講究景觀（view）的緣故，凡是有水景（water front）、山景可觀的住宅，或者背後有高爾夫球場的房子，房價特別昂貴，往往不是普通人所能負擔。但是因為背湖、背海或者背對山谷、高爾夫球場的緣故，背後往往一片空曠（如果背對的是湖水、海水或球場），甚至一片低陷（如果背對著的是山谷或高爾夫球場）。

　　這種情形，表面上看來好像和我們背後需要有靠的‘玄武說’有所牴觸，是不是因此就成為惡風水了呢？

　　其實不然。如果背後有靠，得到祖蔭（祖先所留下來的財產或者積存的福德）的可能性多，自己需要付出的奮鬥力相對減少，謀生比較容易。倘若坐空朝滿的話，在生活中常常需要面對挑戰，同時靠本身實力來打拼的程度也會大增；對於獨立性強，越挫越勇的人來說，可以幫助自己百鍊成鋼，不能說這種房子的風水就一定不好。

　　（有關四靈說，在第100頁‘選擇理想的住家地形’一文中有詳盡的解說。）

地氣值得重視

　　作者這幾年寫了不少與風水有關的文章，一再強調地氣的重要。這是因為美國的住家多獨棟建築，擁有自己的土地；就算在地價昂貴的精華區的住宅，也會有相當比例的庭院。至

於一般供租用的公寓式住宅（apartment），雖然是樓房，很少超過三層或四層（共渡公寓condos例外）。在這種情形下，地氣的良莠，就會發生極大的影響力。

台灣的情況就不一樣了。在都市裡能擁有前後院的獨棟房子可以說如鳳毛麟角，幾乎都是公寓大樓。而最容易受到地氣影響的第一層樓，通常都用來做為店面。

住在高樓大廈裡面，樓層越高，離地面越遠。好處是視野遼闊，壞處是難以得到地氣的助力。

（順便一提：商用風水和住宅風水有許多不同；'住宅重地氣，做生意重人氣'，就是其中很重要的一項差異。）

房子越蓋越高，建築物四周空地越來越少的趨勢，使得住戶難以受到地氣的直接影響。這也就難怪住在台灣的朋友們雖然重視風水，談煞氣的人極多，談地氣的人卻寥寥可數。

古人論吉屋的標準，強調'地大房小'，就是希望藉大量地氣培養出可以供住宅使用的吉氣。

美國目前的住宅建築，雖然仍然以獨棟居多，但是在人口稠密區，也有房屋越蓋越大、庭院卻日漸縮小的趨勢，就風水來說，並不是好現象。

差之毫釐，要防失之千里

以上概略的談了一些台、美兩地的風水差異，主要在說明：

風水的標準與重點，會因為當地居民的生活習慣與客觀環境而有所不同，不能拘泥不變。

正因為這個道理，一個幅員遼闊的國家，雖然同在一塊陸地上，東西兩岸、南北兩端，在風水的調整上也需要有不同的作法，不能一成不變。

就拿加拿大溫哥華一帶來說，從香港遷移過去的華人很多，因此風水在當地受到相當的重視。但是如果硬把香港的風水標準，一成不變的套在加拿大的住宅上，恐怕也要發生差之毫釐，失之千里的謬誤。

住宅風水是生活的一部分。

不同的時代、不同的天候、不同的地理環境、不同的社會習俗，形成不同的生活。

當生活情況改變了，風水的標準與重點自然也要相對應的有所不同。

確定住宅的八方

方位的暸解與認識，是研究風水的基本條件。一般人雖然不必像風水家一樣熟練的使用羅盤，但是至少要分得清楚住宅裡的八方，才能分辨家中風水的吉凶，同時按圖索驥，調整自己的住家風水。

所謂八方，是指房子的東、西、南、北四個正方，和東南、東北、西南、西北四個偏方。要找出這八個方位，就要先確定房子的中心點。

如果有房屋的建築平面圖（floor plan），對確定方位的工作大有幫助。假如沒有，就得自己畫一個。

第一步：

畫出房屋平面圖的外緣。

沿著外緣畫一個方形。

畫的時候，最好能使用比例尺（假如畫出來的圖不合比例，會在確定中心點與區分方位的時候，發生誤差）。然後按照下列步驟，先找出中心，再畫分八方。

第一步，畫出房子的外緣。

在房屋平面圖上，沿著房屋外緣畫一個方形。

現代的房子講究造型，外型上多少會有些凹凸的地方。只要整體方正，面積不大的凹進或凸出都不致改變房屋中心點的位置，可以忽略不管。

換句話說，在畫外緣線的時候，遇到凹進的地方，把它補起來；遇到凸出的地方，把它割捨掉。這麼一來，就可以得到一個四邊形。

　　如果凹凸的部份很大，就不能略過不算。凹進的地方太多，會把整個的外緣線向裡拉；凸出的地方太多，會使整個的外緣線向外移。

　　外緣線的改變，自然就改變了四邊形的面積，影響到下一步求取中心點的時候，中心的位置因此發生不同。

第二步，找出房子的中心點。

第二步：

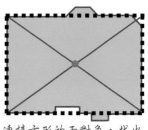

連接方形的兩對角，找出交點，就是房子的中心。

　　外緣是四邊形的房子，容易找出中心點。先從這個四邊形的左上角到右下角畫一條線，再從右上角到左下角畫一條線，兩條線相交的地方，就是房子的中心。

　　倘若房子本身不方正，而是呈Ｌ型、Ｕ型、Ｔ型或者其他不規則的形狀，畫出來的房子外緣，往往不是一個四邊形。這時候需要做一些幾何學的計算工作，才能找到房屋的中心點。

　　這樣的房子，計算出來的結果，很可能中心點並不在自己預想的地方，甚至還可能根本不在房子裡面。

一棟房屋如果外型過於複雜，以致難以確定中心點，或者中心點坐落在建築物的外面，就風水的觀點來說，都不適合住家。

第三步，以找到的中心點為圓心，畫一個圓。

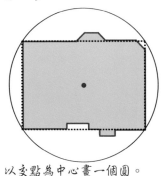

以交點為中心畫一個圓。

有了房子的中心點以後，以此點為圓心，用圓規畫一個大圓，把整個住宅都包在圓的裡面。

外緣越接近方形的房子，在這個圓裡面分布得越均勻。

長方形的房子，會有兩邊靠圓周線近，另外兩邊離圓周線遠；圓的上下與左右空白的地方不會一樣大。

其他形狀的房子，有可能只偏佔圓的一個角落；像L型的房子、U型的房子，在圓的中間會有某些部份幾乎完全空白，以致這部份的圓周會連房子的邊都沾不到。

第四步，把圓像切蛋糕一樣的切開。

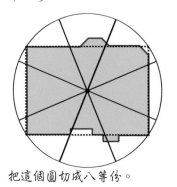

把這個圓切成八等份。

現在你的圖上有圓也有圓心，可以畫出八個方位來了。

通常，建築平面圖上都會有標示出北方的箭頭可供參考。如果自己畫圖的話，就要靠指南針來測量了（普通指南針就夠用，不必特別買風水羅盤）。

這兩種方法都不見得十分精確，但是對於讀者用來分割住宅的八方來說，誤差應該還不算太大。

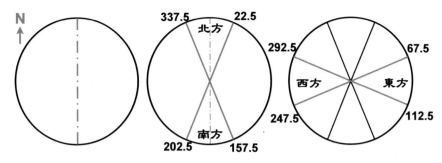

首先畫一條南北線。

其次從南北線左右各取二十二點五度,界限出南方與北方。

按角度再畫兩條線,界限出東方與西方,於是有了八方。

首先,穿過圓心,畫一條南北向的線把圓分成兩半。(見上圖)

然後從這條南北線,往左斜二十二度半,穿過圓心畫一條線,往右斜二十二度半畫一條線,夾在這兩線中間的方位,北邊的一塊是正北方,南邊的一塊就是正南方。

從正北順時針方向取四十五度,是東北;第二個四十五度,是正東;第三個四十五度,是東南。從正南順時針方向取四十五度,是西南;第二個四十五度,是正西;第三個四十五度,是西北。

為了方便使用指南針的讀者,把各方位的度數標明在這裡:

北方	337.5°－22.5°	東北	22.5°－67.5°
東方	67.5°－112.5°	東南	112.5°－157.5°
南方	157.5°－202.5°	西南	202.5°－247.5°
西方	247.5°－292.5°	西北	292.5°－337.5°

第五步，檢視房子在圓中的方位。

第五步：

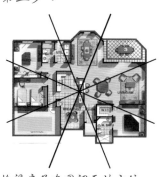

檢視房子在圓裡面的方位。

　　把圓分隔成八個方位之後，可以開始檢視住宅裡面的方位與房間。不妨根據家人的命卦（見第 28 頁‘磁向數與命卦’），在房子裡找出對個人最有利的地方，來安排家庭的生活起居。

　　凡是方正的房屋，不但八個方位俱全，而且每個方位所佔的面積都差不多，表示氣場均衡。但是其他格局的房子就不見得如此。

　　長方形的房子通常會有兩個方位面積特別大，兩個方位面積特別小。

　　L型、U型、T型，以及其他形狀特殊的房子，很可能會有某些方位根本就不存在。

　　一般來說，方位所佔的面積大，能容納的氣也會比較多；所佔的面積小，氣不免要比較弱。至於根本不存在的方位，當然也就無氣可言。

　　討論方位吉凶、氣場強弱的時候，這些都是很重要的參考資料。

　　（有關方位吉凶、氣場強弱，請參看本書第四篇‘風水調氣’裡面的討論）

如果劃出八方之後，發現住宅裡屬於主人本命吉方的面積很小，甚至有些吉方根本不存在，表示這棟房屋並不適合這一家人居住。

在購買或租賃住屋的時候，最好能先做這樣的基本檢查。

第六步，找出中宮。

除了八個方位之外，房子裡還有一個中宮，非常重要。

利用第三步所找到的中心點，再畫一個圓（和第四步所畫的圓成同心圓）。這個圓的直徑，大約是前一個圓的三分之一到四分之一。所畫圓的範圍，就是中宮。

到底是三分之一，還是四分之一？主要決定於房子本身的形狀。

找出房子的中宮。

一般來說，正方形的房子用三分之一來畫；長方形的房子，如果長度和寬度差別過大，中宮這個圓的直徑就需要看情形來調整了。不過大致上中宮的直徑應該不會超過較短一方的一半。

中宮的地位非常重要，是整棟房子氣動的樞紐地帶。這個部份的吉凶並不因為主人的命卦不同而改變，也不會因為房屋的坐向而改變。中宮到底該如何佈置，才能給房屋帶來生氣與動力？請參考本書第222頁的‘調整中宮氣場’。

物物一太極

總天地萬物之理，
便是太極。
人人有一太極，
物物有一太極。

一宋 朱熹

風水上這種八方的理論來自太極。而太極講的是‘物物一太極’，也就是說，天下萬事萬物，不拘大小，都有自己的一個太極。

按照這個道理，每個房間也可以分出八方來。

讀者諸君可以把臥室分成八方，找出吉方來放床；把書房分成八方，找出吉方來放書桌；把飯廳分成八方，找出吉方來放餐桌；把廚房分成八方，找出凶方來放爐灶……。

剛才談到的用於劃分房屋方位的六個步驟，也適用於劃分房間的方位：

第一步，畫出房間的外緣（也要按照比例）。

第二步，找出房間的中心。

第三步，以找到的中心點為圓心，畫一個能把整個房間都包含在裡面的圓。

第四步，把整個圓分成八方。

第五步，檢視房間在這個圓裡面的方位。

第六步，找出中宮部位。

格局怪異的房間，就像形狀特殊的房屋一樣，也可能會有方位不全的問題。在佈置這種房間的時候，會需要特別費心。

九宮法只適合近於正方形的房屋

各位還記得小時候練習寫毛筆字用的毛邊紙嗎？紙上畫了很多方格，每個格子裡面，又橫分三格，豎分三格，一共有九小格，叫做九宮格。

這樣的方法，也可以用來畫分八方，稱作九宮法，比上述的畫圓的方法簡單得多了。只要在房屋的平面圖上橫分三份，豎分三份，畫出九個格子來。中間的一格不算，其他八格就是八方。

西北方	北方	東北方
西方	中宮	東方
西南方	南方	東南方

不過九宮法有它的限制：只能在房屋形狀方正或者接近方正的時候用。即使是長方形的房子，只要長度與寬度相距大，使用九宮法時方位就會發生偏差。至於其他特殊形狀的建築，更不必提了。

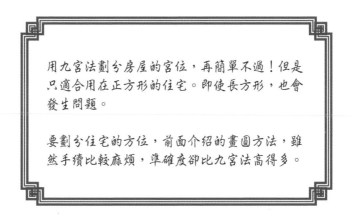

用九宮法劃分房屋的宮位，再簡單不過！但是只適合用在正方形的住宅。即使長方形，也會發生問題。

要劃分住宅的方位，前面介紹的畫圓方法，雖然手續比較麻煩，準確度卻比九宮法高得多。

磁向數與命卦

住宅風水的類別

住宅風水可以分成三大類：

一、房屋本身的風水。包含房子的外在環境、大門朝向、內部格局、家具組合等等。

二、時間的風水。古人說：'十年風水輪流轉'；每年、每月、每日，影響風水的流年飛星都在轉換地盤，造成吉氣與凶氣的變換。

三、個人所需要的風水。每個人因為出生的時間不同，對於風水的要求也不盡相同。

房子的風水再好，倘若不能配合居住者的需要，對這個人來說，就不能算是好風水。

至於時間風水究竟是吉是凶，也要看對個人所造成的影響而定。

所以三類風水之中，應該以個人所需求的風水最為重要。

這裡就要談一談個人對風水的需求。

東四命和西四命

風水學流派雖然很多，不過在談到'個人風水'的時候，流傳最廣最久，方法最簡便，也最清楚明白的學說，應該是東、西四命說。

拿衣服來作比方：

房屋的風水好比衣服的款式。穿在甲身上好看的衣服，穿在乙的身上效果很可能會走樣。

時間的風水好比衣服的質料。適合冬天穿的衣服，到了夏天很可能根本無法穿得出去。

想要有好風水，最好能根據自己的命卦量身打造，同時還要懂得與時推移，做適當的修改。

這個學說採用八分法，把方位分成東、西、南、北四個正方，和東南、西南、東北、西北四個偏方。

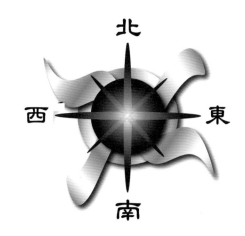

在八個方位之中，每個人都有四個對自己有利的方位，也就是所謂的'吉方'；有四個對自己不算好的方位，也就是所謂的'凶方'。

算出自己出生年份的磁向數，就能找出吉方和凶方。

從出生年份推算磁向數

東、西四命根據出生年份和性別來決定。這裡要介紹一個計算的公式給大家用：

第一步，求基數：

基數與性別無關。無論男女，都需要把自己的出生年份（西元）的四個數目字加起來。

不過這個數字必須是個位數（single digit），如果加出來的結果是兩位數的話，就要再把兩位數加起來，直到得出個位數為止。

譬如說，1986年生的人

$1 + 9 + 8 + 6 = 24$

由於24是兩位數，所以要再加一次：

2 + 4 = 6

6，就是基數。

第二步，求磁向數：

這一步要考慮到性別。男性用11減基數，女性用4加基數，就得到磁向數。

拿剛才的例子來說，1986年出生的人，基數是6。

男性，11 - 6 = 5，磁向數是5

女性，4 + 6 = 10，磁向數是10

[立春以前出生的讀友請注意]

假如生日是在當年立春以前的話，就要算到前一年去。譬如說：1986年1月15日出生的人，因為是在立春之前出生，需要算是1985年生。

一般來說，立春總是陽曆的二月四日或五日，所以二月四日以前出生的人，都要往前推一年；二月五日及五日以後出生的人，就不需要更改年份。

正好是二月四日出生的人，就有必要查查農民曆/萬年曆，看看出生年的立春到底是那一天，自己有沒有必要改變出生的年份。如果當年是二月四日立春，不需要更改年份；若是二月五日立春，就需要往前推一年。

第三步，檢查磁向數：

A、如果磁向數大於 9：

風水中的磁向數一定在1與9之間，如果得到的磁向數大於9，就要減去9。

拿剛才的例子來說，1986年出生的男性，磁向數是5。5 < 9，可以取用。

但是1986年出生的女性，磁向數是 10，10 > 9，就要減去9，得1。1才是正確的磁向數。

B、如果磁向數是5：

由於磁向數裡沒有5。如果您所得到的磁向數是5的話，男性需要換成2，女性需要換成8。

拿剛才的例子來說，1986年出生的男性磁向數正好是5，就要換成2。2才是他正確的磁向數。

從磁向數分辨東西四命

算出自己的磁向數之後，可以根據這個數目找出自己究竟是東四命還是西四命：

磁向數是1、3、4、9的人，屬於東四命；

磁向數是2、6、7、8的人，屬於西四命。

磁向數與易經八卦

　　每個磁向數，都代表易經八卦中的一個卦。現在就依次探討每個命卦的吉方與凶方：

磁向數是1（命卦為‘坎卦’）

磁向數是1的人，稱作‘坎命’，是東四命。

坎命人的四個吉方，依照順序是：東南方（生氣）、東方（天醫）、南方（延年）、北方（伏位）。

不過男性在使用延年方（南方）的時候要特別小心。這個方位雖然是坎命的吉方，但是在某些情形下有可能會變成凶方。而北方雖然在吉方只排到第四位，但是對男性特別有利，可以多採用。

坎命人的四個凶方，依照順序是：西南方（絕命）、東北方（五鬼）、西北方（六煞）、西方（禍害）。

磁向數是2（命卦為'坤卦'）

磁向數是2的人，稱作'坤命'，是西四命。

坤命人的四個吉方，依照順序是：東北方（生氣）、西方（天醫）、西北方（延年）、西南方（伏位）。

四個凶方，按順序分別是：北方（絕命）、東南方（五鬼）、南方（六煞）、東方（禍害）。

按排名來看，南方和東方在煞氣的程度上、似乎沒有北方和東南那麼嚴重，但是對女性來說，這兩個方位凶惡起來不輸給'絕命'和'五鬼'，還是盡量避免的好。

磁向數是3（命卦為'震卦'）

磁向數是3的人，稱作'震命'，是東四命。

震命人的四吉方，依照順序是：南方（生氣）、北方（天醫）、東南方（延年）、東方（伏位）。

東南延年雖是吉方，女性不利，選用的時候要特別小心。

四個凶方，依序是：西方（絕命）、西北方（五鬼）、東北方（六煞）、西南方（禍害）。

西北雖然在煞氣上排名第二，但是某些時候，對男性的殺傷力並不輸給絕命西方。

磁向數是4（命卦為‘巽卦’）

磁向數是4的人，稱作‘巽命’，是東四命。

巽命人的四個吉方，依照順序是：北方（生氣）、南方（天醫）、東方（延年）、東南方（伏位）。

四個凶方，依照順序是：東北方（絕命）、西南方（五鬼）、西方（六煞），以及西北方（禍害）。

巽命人風水上的吉凶比較單純，吉方就是吉方，凶方就是凶方，沒有什麼例外的情形。

磁向數是6（命卦為‘乾卦’）

磁向數是6的人，稱作‘乾命’，是西四命。

乾命人的四吉方，依序是：西方（生氣）、東北方（天醫）、西南方（延年）、西北方（伏位）。

這四個吉方，並不是人人能用。西方雖然是生氣吉方，男性不宜多用；西北雖然是伏位吉方，女性不宜多用。

四凶方，依照順序是：南方（絕命）、東方（五鬼）、北方（六煞）、東南方（禍害）。

磁向數是7（命卦為'兌卦'）

磁向數是7的人，稱作'兌命'，是
西四命。

兌命人的四個吉方，依照順序是：西北方（生
氣）、西南方（天醫）、東北方（延年），以
及西方（伏位）。

四個凶方，依照順序是：東方（絕命）、南方
（五鬼）、東南方（六煞）、北方（禍害）。

東方絕命本來就是四凶方之首，對於
男性為害尤其嚴重。房屋的坐向，大
門的朝向都要絕對避免這個方向。

還有北方禍害，雖然在凶方中排名最
末，男性對於這個方向，也還是遠遠
避開的好。

磁向數是8（命卦為'艮卦'）

磁向數是8的人，稱作'艮命'，是西四命。

艮命人的四個吉方，依照順序是：西南方（生氣）、西北方（天醫）、西方（延年），以及東北方（伏位）。

這四個吉方並非人人能用。女性要慎用西南的生氣方，男性要慎用東北的伏位方。

四個凶方，依照順序是：東南方（絕命）、北方（五鬼）、東方（六煞）、南方（禍害）。

北方五鬼雖然排名在絕命之後，對女性來說，其實和東南絕命的禍害程度一樣嚴重。

磁向數是9（命卦为‘離卦’）

磁向數是9的人，稱作‘離命’，是東四命。

離命人的四個吉方，依照順序是：東方（生氣）、東南方（天醫）、北方（延年），以及南方（伏位）。

男性在用東南天醫時要慎重，因為會有變吉為凶的可能。

四個凶方，依照順序是：西北方（絕命）、西方（五鬼）、西南方（六煞），以及東北方（禍害）。

西南六煞方雖然只排名第三，但是對女性傷害大。在佈置住宅的時候，不要輕易碰它。

如何利用吉方與凶方

　　認識了四吉方和四凶方的名稱，想要知道吉方到底有什麼吉？凶方到底又能怎麼凶？請看下一章的‘四吉四凶方的效應’。

　　在算出自己的磁向數，了解自己的吉凶方位之後，該如何運用在住宅風水上呢？請參考第44頁的‘吉凶方位的利用’。

四吉四凶方的效應

四吉方：

生氣方，是貪狼星飛臨的位置。

貪狼星在五行上屬陽木，具有強大的生長力與擴張力，因此生氣方的氣場流動得特別積極強旺。

這個位置與居住者生兒育女的機率、創業以及謀生的能力都有關係，被認為是能幫助事業發展以及求子嗣的重要方位。

住宅的生氣方如果良好而得氣，主人本身表現得積極進取，在事業上有衝勁；同時還能有聰明孝順的子女。

萬一這個方位受煞或被污損，要防在事業方面受打擊。已婚夫妻防不孕；懷孕婦人防流產或生產過程不順利。

水能生木。如果在屬木的生氣方放一點養在水裡的植物，有助於增長這個方位的氣場。

可惜的是，這個方法不能在臥室裡用。

天醫方，是巨門星飛臨的位置。

巨門星在五行上屬陽土，具有篤實厚重的特性，氣場穩定平和。

這個位置與健康和財富有關，被認為是求財及袪病消災的重要方位。凡是體質衰弱，或者久病不癒的人，都應該盡可能的多多收取天醫之氣。

火能暖土生土。想要增強天醫方的氣場，最好的方法是：把窗簾打開，讓陽光照進房間裡來。

住宅的天醫方如果良好而得氣，主人身心健康，生活閒適，少有煩惱。

萬一這個方位受到煞氣侵擾，或者受到晦氣污損，要防疾病及破財。住宅的天醫方有問題，生病的人難遇良醫，或者藥不對症，久治難癒。

延年方，是武曲星飛臨的位置。

武曲星在五行上屬陽金，所在地氣場的特性在向內流動，具有聚合收斂的力量。這個位置與感情和婚姻的關係很大，被認為是求姻緣時最重要的位置。

凡是姻緣久久不成，或者夫妻感情發生問題，就應該盡可能的收取延年之氣。延年也與壽命有關，能讓人長壽。

住宅的延年方如果氣旺而且沒有缺陷，主人的情緣穩定，婚姻美滿；同時人際關係良好，經常會遇到貴人提拔。

萬一這個方位受到外來的污染，或者被煞氣損傷，要防感情糾紛，或者婚姻關係發生裂痕。同時事業上容易因為得罪老闆或權貴，難得發展。

五行中土能生金。如果在延年方放置一些陶瓷器皿，可以有助於強旺這個方位的氣場。

伏位方，是輔弼星飛臨的位置。

在伏位方放置木、竹、籐製的家具，有助於穩定氣場，使家人的生活能夠在安定中求得進步。

輔弼星在五行上屬木，是陰木，氣場的特性在緩慢而持續的向上伸展。這個位置主安定中求進步，穩紮穩打，所以能平順如意，生活中少有波折。

由於伏位沉靜，如果在這個方位上面受孕，生女兒的機會要比生兒子大得多。

有些風水門派認為，伏位藏財。住宅的伏位方如果良好而且氣足，錢財細水長流，會源源不絕而來，不虞匱乏。

伏位是每個人自己的本命方位，萬一受煞或者被污損，帶來的災禍會很大。如果在這裡立向開門，一定要仔細觀察，確定外界一點煞氣都沒有才好。

四凶方：

絕命方，是破軍星飛臨的位置。

破軍星在五行上屬陰金，所在地氣場的特性在向內收斂。

這個位置具有強烈自我戕害的力量，容易因為心情苦悶而引起憂鬱症，或者罹患藥石無效的絕症。

金能傷木，所以絕命方還會影響主人的生育能力；生育年齡的男女常在這裡坐臥，有絕嗣無後的可能。

住宅的絕命方如果強旺有力，主人性情乖戾、經常心神不定。而且除了身心健康方面問題多多之外，也會增加招惹意外事故的機會。

在絕命方放置少量的水，可以消滅破軍星的殺傷力；如果能在水裡插幾朵小花，效果尤其顯著。不過這個方法不能用在臥室裡面。

這個位置號稱‘絕命’，不但氣場凶惡，而且糾纏不去，至死方休。所以開門、立向、安床都要極力避免這個方位。修建爐台，也不可以朝這個方向。

五鬼方，是廉貞星飛臨的位置。

廉貞星在五行上屬火，所在地的氣場凶暴而狂亂，殺傷力大。

土氣能宣洩火的力量，如果能善用下圖的這些小石子，可以降低廉貞星的凶性。

住宅裡的五鬼方如果強旺有力，主人性情容易變得好勇鬥狠、煩躁凶殘，不但容易與家人發生衝突，而且在社會上的人緣差，不得好評。嚴重的還有招惹血光、官非、車禍、失火

等不幸事件的傾向。

　　"八宅明鏡"上說：'五鬼最毒，位位相剋；災隨位發，昂頭即應'。五鬼雖然排名在絕命的後面，凶惡的程度絕對不容小視。

六煞方，是文曲星飛臨的位置。

　　文曲星在五行上屬水，所在地的氣場特性是向下流動，四散亂行。

　　這個位置的氣場具有淫蕩邪惡的特質，對婚姻、事業、人際關係有破壞力。

　　同時也不利身心健康，容易導致失眠、喜怒無常、心情煩躁等種種問題。

　　住宅的六煞方如果強旺有力，主人貪花戀酒、賭博淫亂、荒蕪正業。不但特別容易招惹是非，而且還會引起宵小盜賊的覬覦。

花草盆栽能夠洩六煞方的水氣。不過一定要盆子裡有土的植物才行。如果擺放水養的盆栽，壞處比好處還要多。

禍害方，是祿存星飛臨的位置。

　　祿存星在五行上屬於陰土，氣場的特性在沉滯少動。這個位置的氣場具有腐蝕人心的力量，讓人志氣消沉，失去奮鬥向上的精神。

　　住宅的禍害方假如過於強旺，主人懶散怠惰、好逸惡勞，做什麼事都提不起勁。心理上會膽小怕事，生理上也往往疲乏虛弱，難以有大作為。

在禍害方放置金屬或者玻璃製的家具以及日常用品，有助於抵擋禍害之氣。如果能在裡面放一點兒水，效果會更好。不過要記得常常換水。

吉凶方位的利用

物物一太極的劃分法

太極只是天地
萬物之理。
在天地言，則
天地中有太極；
在萬物言，則
萬物中各有太
極。

——宋 朱熹

四吉方和四凶方在居家風水的運用上既廣泛又靈活，值得做深一層的了解。在這裡先介紹劃分吉凶方位的三個步驟：

第一，決定範圍。

四凶方四吉方的範圍可大可小。大可以囊括宇宙，包含世界；小可以只是一個房間，甚至一張桌子。

這是因為吉凶方的理論來自太極，而太極講的是‘物物一太極’。也就是說：

天下萬事萬物，不拘大小，都有自己的一個太極，所以也就各有各的吉凶方位。

因此在運用這八個方位的時候，第一點要先確定運用的範圍。

譬如說：用在立向與開門的時候，或者在分配臥室的時候，整個住宅都要列入考慮。

但是，在臥室裡選取睡床位置的時候，就只需要考慮臥室；在廚房裡選取爐灶位置的時候，就只需要考慮廚房。而安排餐桌位置的時候，甚至只需要考慮餐桌本身就夠了。

所以必須先確定範圍，才能正確的找出吉方與凶方的位置。

第二，劃分方位。

劃分住宅的方位比較複雜，請參看第20頁的‘確定住宅的八方’。

但是如果範圍只是廚房，就只要找出廚房的中心點。如果範圍只是飯桌，就只要找出飯桌的中心點。（其他類推）

以這個中心點為準，像切蛋糕一樣，把整個範圍切成八塊，分別為東、西、南、北、東北、西北、東南、西南八個方位。

第三，按個人的命卦分吉凶。

就八宅派來看，這八個方位本身並沒有吉凶，完全根據人的命卦來判定吉凶。不過住在一棟住宅裡的往往不止一個人，究竟該以誰的命卦為準呢？

判定住宅立向、大門與爐灶位置的時候，當然是以一家之主的命卦為準。但是判定臥室吉凶的時候，卻要以住在這間臥室裡的人的命卦為準。

再拿飯桌來說，也要以個人命卦為準；以西北為吉方的人坐在西北邊，以東北為吉方的人坐在東北邊。

活用吉凶方位

以下舉例說明四吉四凶方應如何與住宅配合使用。多數方法在本書下冊談室內風水的時

大門、廚房、爐灶等，以一家之主的命卦為判斷吉凶的標準。

臥室的吉凶，以睡在臥室裡的人的命卦為判斷標準。

夫妻床位的吉凶，以妻子的命卦為標準。

候，有專文作更詳盡的解説；這裡只作概要性的説明，目的在讓讀者對吉凶方的利用能有一些概念。

立向與開門

立定房屋的坐向、決定大門的方位，都是住宅中的大事，一定要安排在四吉方。在分隔吉凶方的時候，要拿整個住宅做範圍。

如果家中人口眾多，大家的命卦不可能都相同；立向與開門這兩件事，就要按照一家之主的命卦來做決定。

倘若家有長輩同住，尤其是直系尊親（父母、祖父母等），通常都以長輩的命卦為準。不過如果長輩平日只是含飴弄孫，根本不再管事，就要以當家做主的人的命卦為主。

（有關選擇大門門向的注意事項，請參考第144頁的'替自己選吉利的門向'。）

分配臥室

要在住宅中找出適合家中每個人做臥室的方位，也要拿整個住宅來劃分成八方。

每個人的命卦不一樣，分配臥室的時候，應該按照各人的命卦與需要來做妥貼的安排。

臥室的選擇標準因人而異。體弱多病的人最好選自己的天醫方；亟待嫁娶的人最好用自己的延年方；心情淡泊，無意於名利的人不妨多用命卦的伏位方；積極進取的人就該好好利用命卦的生氣方。

如果因為房屋的隔間限制，無法取得需要的方位做自己的臥室（譬如說，某人希望能早日婚配，但是房子在延年方沒有臥室，就無法利用延年方來催婚），可以在擺放睡床的時候再想辦法做補償。

萬一實在無法安排在本身的吉方，至少要避免在命卦的絕命方或者五鬼方。

夫妻如果命卦不同，又不想分房，應該以丈夫的命卦為主來選擇臥房。只要不在妻子的絕命方位，就可以藉睡床的安排來保護妻子，使她也能得吉氣。

安排睡床的位置

在分配臥室的時候，是將整個房屋分成八方，找出適合自己命卦的吉方。安排床位的時候，則是將自己的臥室分成八方，按自己的命卦來找出適合的床位。

一個人會躺在床上的時間，幾乎

佔了一天的三分之一，所以床位的選擇往往比臥室的位置更加重要。臥室只要能在四吉位中就可以了，床的位置卻最好能照自己的特殊需要，來選擇特定的吉位。

注意，睡床一定要擺在吉位。千萬不要因為爐灶需要'坐凶向吉'，就把床位也來個'坐凶向吉'，可就大大不妙了。

夫妻如果命卦不同，最好用丈夫的命卦選擇臥室，用妻子的命卦選擇床位，使夫妻都能得吉氣。不過在選擇床位的時候，也要注意避免丈夫的絕命方位。

（有關選擇睡床方位的注意事項，請參考下冊中的'選擇吉利好床位'。）

決定廚房的位置

選擇廚房的位置，就像選擇臥室的位置一樣，要把整個住宅分成八個方位。不同的是，廚房有制凶的功能，所以最好能擺在凶方。

如果家人的命卦各不相同，應該以誰的命卦為主呢？

中國人傳統由婦女主中饋，所以很多人都以為，安排廚房與爐灶應該以家中女主人的命卦為主。

這種想法有些似是而非，因為風水上決定立向開門和決定廚房位置，需要採用同一個人的命卦為標準。否則萬一夫妻東西四命不同，一個人的吉方必然是另一個人的凶方，大門與爐灶的方位必然不能兼顧。

總之，大門與廚房都應該以主要負擔家計的人為主。一人受到庇護，全家都分享這份福氣。

（有關選擇廚房方位的注意事項，請參考下冊中的‘壓凶制煞靠廚房’。）

室內家具的擺設，一般都以坐吉向吉為最高指導原則。惟獨廚房裡的爐灶，需要能安排到坐凶向吉的位置，才可以算是理想風水。

決定爐灶的位置

安置爐灶，要分‘坐’與‘向’兩方面來看。爐灶的位置，要擺在命卦的凶方，讓它有機會發揮壓制凶氣的作用。但是爐灶的灶口，卻要朝向命卦的吉向，讓它能納吉氣。

現代一般的家庭都使用電爐、瓦斯爐，沒有灶口可言，如何分辨爐向？主要根據燒飯煮菜的時候人所站立的位置：當爐烹飪的人背所對的方向，就是爐向。

用誰的命卦選擇廚房，就應該用誰的命卦選擇爐灶，才不會有吉凶抵觸的情況發生。

（有關選擇爐灶方位的注意事項，請參考下冊中的‘爐灶招吉法’。）

安排飯桌上的座位

安排飯桌上的座位，需要在飯桌上先畫分出八方來。

這個座位也需要分成坐和向兩個方面來看。不過與爐灶的‘坐凶向吉’不同，飯桌上的位置要以‘坐吉向吉’為首選，以‘坐凶向凶’為最差。

另外的兩種位置：‘坐吉向凶’與‘坐凶向吉’，到底那個比較好呢？

一般來說，‘坐’會影響的，是近期的發展；而‘向’所影響的，是將來的趨勢。

大家不妨按照自己的需要，做適當選擇。

（安排家人飯桌上的座位，請參考下冊中的‘餐桌風水面面觀’。）

廁所、浴室和儲藏室的位置

廁所、浴室和儲藏室，都應該安排在房子的四凶方。

畫分方位的時候，要用整個住宅來做分隔。確定吉凶方的時候，要以用來確定安門立向的那個人的命卦為準。

廁所最好安排在絕命方，利用穢氣來制煞氣。浴室最好安排在五鬼方，利用水氣來滅五鬼方的廉貞火。儲藏室可以放在六煞方，壓住六煞的文曲水。

　　（有關選擇廁所、浴室位置的注意事項，請參考下冊中的‘招災惹禍的廁所位置’。）

坐吉坐凶與向吉向凶

朝向與坐位

知道自己的吉凶方之後,還要進一步懂得如何運用。

利用吉凶方位,有時候需要注重'朝'的方向;像大門所對的方向,就要能朝自己命卦的吉向。有時候需要注重'坐'的位置;像浴廁所在的位置,就要能壓自己命卦的凶位。

(自己的命卦是什麼?那些方位是吉方?那些方位是凶方?在第28頁的'磁向數與命卦'中可以找到答案。)

有時候朝向和坐位需要並用。像爐灶,需要'坐凶向吉';飯桌上的位置,需要'坐吉向吉'。

可惜受到客觀條件的限制,在日常生活中無法永遠得到最理想的方位,甚至還有可能要在'坐凶向吉'和'坐吉向凶'之中做抉擇。情況顯然比單找吉位或者凶位要複雜。

人的命卦一共有九種。這裡列出每一種命卦的'坐吉向吉'、'坐凶向吉'、'坐吉向凶'、'坐凶向凶'的不同位置,供各位讀者做參考:

坐與向有時候很難兼顧。遇到這種情況,需要能靈活運用兩害相權取其輕,兩利相權取其重的原則。如果非要做到'完美風水'不可,會弄得一個人緊張兮兮,反而得不到風水的好處。

磁向數 1 （命卦為'坎卦'）

坐吉向吉：坐南向北，坐北向南。

坐凶向吉：坐西向東，坐西北向東南。

坐吉向凶：坐東南向西北，坐東向西。

坐凶向凶：坐西南向東北，坐東北向西南。

坎卦
五行屬水

磁向數 2 （命卦為'坤卦'）

坐吉向吉：坐西南向東北，坐東北向西南。

坐凶向吉：坐東向西，坐東南向西北。

坐吉向凶：坐西北向東南，坐西向東。

坐凶向凶：坐南向北，坐北向南。

坤卦
五行屬土

磁向數 3 （命卦為'震卦'）

坐吉向吉：坐南向北，坐北向南。

坐凶向吉：坐西向東，坐西北向東南。

坐吉向凶：坐東向西，坐東南向西北。

坐凶向凶：坐西南向東北，坐東北向西南。

震卦
五行屬木

右圖為北京天安門廣場正陽門前的中國公路零公里標誌。上面明確標出東南西北四正方，同時另有四個尖角，指示出四個偏方。

磁向數 4（命卦為‘巽卦’）

巽卦
五行屬木

坐吉向吉：坐南向北，坐北向南。

坐凶向吉：坐西向東，坐西北向東南。

坐吉向凶：坐東向西，坐東南向西北。

坐凶向凶：坐西南向東北，坐東北向西南。

磁向數 6（命卦為‘乾卦’）

乾卦
五行屬金

坐吉向吉：坐西南向東北，坐東北向西南。

坐凶向吉：坐東南向西北，坐東向西。
（男性宜先選前者，女性宜先選後者。）

坐吉向凶：坐西北向東南，坐西向東。
（男性宜先選前者，女性宜先選後者。）

坐凶向凶：坐南向北，坐北向南。

磁向數 7（命卦為‘兌卦’）

兌卦
五行屬金

坐吉向吉：坐東北向西南，坐西南向東北。

坐凶向吉：坐東南向西北，坐東向西。
（前者吉於後者。）

坐吉向凶：坐西北向東南，坐西向東。
（前者吉於後者。）

坐凶向凶：坐北向南，坐南向北。

磁向數 8 （命卦為‘艮卦’）

坐吉向吉：坐西南向東北，坐東北向西南。
（女性宜先選前者，男性宜先選後者。）

坐凶向吉：坐東向西，坐東南向西北。
（前者吉於後者。）

坐吉向凶：坐西向東，坐西北向東南。
（前者吉於後者。）

坐凶向凶：坐南向北，坐北向南。

艮卦
五行屬土

磁向數 9 （命卦為‘離卦’）

坐吉向吉：坐南向北，坐北向南。

坐凶向吉：坐西向東，坐西北向東南。
（前者吉於後者。）

坐吉向凶：坐東向西，坐東南向西北。
（前者吉於後者。）

坐凶向凶：坐西南向東北，坐東北向西南。

離卦
五行屬火

坐吉坐凶與向吉向凶的不同

在某些情況下，‘坐’具有壓抑、克制的
作用。

譬如說：把爐灶坐在凶方，爐灶的火可以
燒燬凶氣；把廁所坐在凶方，廁所的穢氣可以
壓制凶氣；把浴室坐在凶方，浴室的污水管可
以排洩凶氣。

在另外一些情況下，'坐'能收浸潤、滋長的效果。

譬如說：把飯廳放在吉方，大家坐在這裡進餐，日積月累下來，一家人的財運都得到吉氣的激發；把臥室放在吉方，每天晚上睡在這裡，自己的健康和感情的發展，就能得到吉氣的滋養。

'向'在效果上比'坐'要來得遲緩，但是影響比較深遠。換句話說，'坐'影響目前的狀態，效力發作得快，但是維持的時間比較短；'向'影響未來的展望，效力出現得慢，但是時間長。

選擇標準

一個人在選擇日常起居的坐向時，當然最希望能夠完全能做到'坐吉向吉'；但是受到住宅本身結構的限制，很多時候都只能在'坐凶向吉'和'坐吉向凶'之間做取捨。做決定的時候，無論客觀環境或者本身狀況，都應該要列入考量。

假如住宅是屬於自己的產業，就長遠的眼光來看，'坐凶向吉'很可能比'坐吉向凶'要好。倘若是租來暫住的房子，隨時有搬遷的打算，顯然'坐吉向凶'比較能得實利。

當然，也要衡量自己當時的情況。假如眼下已經事事不順，焦頭爛額，再來一個'坐凶向吉'，恐怕熬不到吉氣來臨的一天，就已經完蛋大吉。

如果目下已經諸事順遂，稱心如意，但是選了'坐吉向凶'，眼前雖然能有錦上添花之喜，只怕日後要一天一天的走下坡。

坐與向有時候不一定相對

本文選定的坐向，基本上是以坐與向相對為原則。但是在實際生活上，常常有坐與向不一定相對的情況出現。

最簡單而常見的例子，是飯廳中的桌子。家中用的飯桌如果是圓形，坐東就一定朝西，坐南就一定朝北。但是倘若飯桌是長形，用八分法把桌子劃出八方來之後，會發現坐東南的人可不一定面朝西北。

在坐與向不一定相對的情況下，就需要自己勘查出實際的坐位與向位，再對照本書28頁的'磁向數與命卦'，找出是吉還是凶了。

娶錯妻子嫁錯郎

—— 論東四命嫁娶西四命

現代合婚者的使命

中國人配婚的方法形形色色：有用子平八字配婚的，有用紫微斗數配婚的，有用九星法配婚的，現在坊間又增加了什麼靈數配婚、扭蛋配婚、塔羅牌配婚、星座配婚等等，花樣多得不得了。

如今的年輕人，或者是找不到合適的對象（以前的人會為傳宗接代而結婚，現在那裡還有人肯委屈自己？），或者是不想有家累（看看四周這麼多啃老族的朋友，還有誰願意養啃自己的下一代？）。有意願又有能力結婚的人已經越來越少，如果已經談到嫁娶，居然因為配婚不順利而分手，豈不令人扼腕！

所以配婚的花樣繁多也有好處：用這種方法不相配的，很可能用那種方法就能互相匹配了；算來算去，總要能讓有情人終成眷屬才好。倘若人人都能經由配婚的結果，肯定情人是自己的真命天子，或者今世美眉，家庭生活、社會結構都應該會更和諧穩固！

從事網上配對工作的人，應該要對自己的新使命有所領悟才好。

用命卦合婚是風水師的理想

風水上也有一種合婚法，是以命卦來合婚：認為東四命的人應該要嫁娶東四命，西四命的人應該嫁娶西四命，才能夠'多子而發'。所以有'東四命人不進西四之宅，西四命人不入東四之戶'的說法。

站在風水諮詢師的立場來說，當然非常歡迎這種說法。想一想，如果天下的東四命全都嫁娶東四命，西四命全都嫁娶西四命，調整風水的時候，會減少多少麻煩！！

讓我們暫時假設，如果世界上的夫妻都是這麼配對。

夫主門、灶，妻主床

住宅中最應重視的三件事是：'門、灶、床'。大門掌管進氣，爐灶掌管化氣，床掌管養氣，都關係重大，千萬不能弄錯方位。

通常一棟住宅只能有一個大門，家中也往往只有一個爐灶（小灶不算），至於床，當然最好是夫妻合睡一張雙人床啦。既然都只有一個，顯然就只能以一個人命卦的吉凶為準，來確定方位。

傳統的看法，家中的一家之主必然是男主人，所以用男主人的命卦來決定大門的門向，以及爐灶的位置和朝向（沒有男主人的家庭，才採用女主人的命卦）。但是男人沒有生育功能，所以睡床的位置，要根據女主人的命卦來做決定。

這裡就可以看出以命卦配婚的好處來了。

雖然是以男主人的命卦決定大門的方向，但是同為東四命，丈夫的吉方也一定是妻子的吉方（大門要向吉）；雖然是以男主人的命卦決定爐灶的方位，但是同為西四命，丈夫的凶方也一定是妻子的凶方（爐灶要壓凶）。雙方的吉凶，最多只有程度上的差別而已。

睡床的位置也是如此：妻子的生氣方不可能是丈夫的絕命方。兩個人都睡在吉方，想要生孩子就不會那麼困難。

娶錯妻子嫁錯郎？

假如是東四命嫁娶西四命呢？這樣的夫妻在調整住宅風水的時候，會非常傷腦筋，因為一個人的吉方，必然是另一個人的凶方。

如果大門進的是丈夫的吉氣，妻子就要整天被困在惡氣之中。如果爐灶壓的是丈夫的凶方，就一定壓住了妻子的吉位。顧到丈夫，就會傷害妻子；顧到妻子，又免不了會傷害了丈夫。難道真的是娶錯了妻子？嫁錯了郎？

事實上，東四命嫁娶西四命的夫妻很多。就拿同一年出生的夫妻來說，除了磁向數是3的震命人、磁向數是7的兌命人、磁向數是8的艮命人之外，全都是東西命卦不同的組合。換句話說，每三對同年出生的夫妻中，很可能就有兩對屬於‘命卦不和’；難道這些人都會在風水上彼此傷害？

　　以我幾十年調整風水的經驗來說，實在看不出有這樣的事實。

夫妻一體，彼此互為保護傘

　　嫁娶不同命卦的朋友，其實不必緊張。夫妻感情好的時候，兩個人如同一體，命卦不同反而成為優勢；因為無論大門方向如何、爐灶坐向如何，永遠會是其中一個人的吉方，能夠得到吉氣（當然，不同的吉方還是會產生不同的效應）。

　　那麼，調整風水的時候，是不是用丈夫的命卦或妻子的命卦都一樣呢？這一點，我還是強烈推薦：用丈夫的命卦為準。倒不是重男輕女，主要原因有兩個：

　　第一，住宅三要：門、灶、床。除非已經不在乎要不要再生子女，否則床是一定要按照妻子的命卦來放置。如果門和灶再依妻子的命卦，丈夫只能藉妻子來得氣，自己一點吉氣也沒有，日久天長造成家庭中的陽氣衰、陰氣旺，不見得是婚姻之福。

第二，直接從住宅中得到吉氣的人，當然比間接得到吉氣的人要有利。換句話說，用誰的命卦來決定門向和宅向，這個人就能直接從風水中獲益。就中國人對家庭的觀念來說，丈夫的社會地位比妻子高、賺的錢比妻子多，認為是理所當然。如果妻子強過丈夫，就容易生出種種家庭問題。

當然，如果夫妻之間並沒有以上的兩個顧慮，用丈夫的命卦或妻子的命卦倒真還沒有太大的不同。在這種情況之下，命卦東西不同的夫妻，在選擇門向的時候，彈性要比相同命卦的夫妻大得多。

需要特別注意的是：以誰的命卦選擇門向，就要以誰的命卦來選擇爐灶的位置與朝向。

尤其對命卦東西不同的夫妻來說，倘若採用不同的命卦來選擇門向和灶向，引起的麻煩可不輕！

感情破裂，反目不念舊日歡愛

這麼說來，老祖宗以東西命卦來配婚，難道是瞎掰嗎？

事實上，東四命嫁娶西四命的壞處，會在夫妻感情發生問題的時候，明顯表露出來。假如門向和灶向都是丈夫命卦的吉方，一定會是妻子命卦的凶方；當丈夫的心一旦不再關注在妻子身上，陰陽解體，凶方的禍事就會開始應驗。反之亦然。

筆者常常勸慰因為彼此東西命卦不同而擔心的朋友（多半是妻子），只要夫妻感情好，兩人一體，對一個人好的自然也會對另一個人好，不必因為風水對自己不利而有心理障礙。

但是一方面為了能讓妻子能取得心理上的平衡，一方面也未雨綢繆的給女性增加一些保障，最好做到以下建議的幾件事：

考慮另一半的納音五行

在選擇大門門向的時候，如果採用丈夫命卦的吉方，無可避免的會是妻子的凶方。這時候就要算出妻子的納音五行來。

門向的五行如果能生妻子的納音五行，等於給妻子買了一張大門風水上的保單，當然再好也不過；否則的話，也至少不要選擇會剋妻子納音五行的門向。

當然，如果門向是按照妻子命卦做選擇，就需要顧慮到丈夫的納音五行。

想要知道自己與另一半的納音五行，可以參考65頁的‘大門五行與納音五行’。

小灶改運可以解決爐灶問題

此外，風水中有一種小灶改運法，對於東西四命不同的夫妻特別有用。

如果爐灶的位向是根據丈夫的命卦決定，妻子就需要另外買一個活動性的小爐子，根據自己的命卦來選擇有利的位置與朝向。只要經常在這個小灶上煮自己的食物，就能利用爐灶得吉氣，不必在意大爐灶對自己是不是有利。

現代的女性專任家庭主婦的不多，每天忙裡忙外，還要在兩個爐灶上分別烹調，恐怕會覺得心有餘而力不足。這裡提供一個非常簡便的方法，就是拿煮飯的電鍋當小灶用。燒菜在同一個爐灶上燒，但是兩個人吃位置不同的電鍋煮出來的飯。

如果怕電鍋的力量不夠，買一個自己專用的小電壺來煮水喝，也可以加強力道。

有了以上的雙重保障，可以放心的嫁娶自己心愛的情人，不必再擔心是不是在風水上娶錯了妻子或者嫁錯了郎。

大門五行與納音五行

凡是東四命與西四命結合的婚姻，丈夫與妻子的吉凶方一定全然相反；如果大門所對的方向是丈夫的吉方，必然是妻子的凶方（反之亦然）。

為了保護配偶不受大門來的凶氣所傷，最好查一查大門五行與配偶納音五行的關係。

倘若大門所對方向的五行與配偶的納音五行相生，即使在配偶的絕命方也不致有大害；如果大門不但在配偶的凶方，同時還剋害配偶的納音五行，這棟房子絕對不宜久居。

要檢查兩者（大門五行以及配偶的納音五行）之間的關係，請採取以下步驟：

第一步，找出當事人出生年份的干支：

風水以年命為主，在論納音的時候，需要先找出當事人出生那一年的干支。如果有萬年曆，最簡單的作法當然是到萬年曆上去查當年度的干支。萬一手頭沒有萬年曆，也可以用下列方法推算出干支來。

A，查天干：

以出生的西元年份的末位數為準，利用下表查出當年的天干。

凡是在立春之前出生的人，要以前一年的年份來算。立春通常都在陽曆的二月四日或五日。

所以在陽曆二月四日以前出生的人，都要算前一年。如果剛好在二月四日或五日出生，一定要查萬年曆，確定自己的生日到底在立春之前還是之後。

末位數	天干	末位數	天干
0	庚	5	乙
1	辛	6	丙
2	壬	7	丁
3	癸	8	戊
4	甲	9	己

舉例來說：1958年生，末位數是8，天干是戊。
1974年生，末位數是4，天干是甲。

B，查地支：

請以自己的生肖屬相為準，利用下表查出自己的地支（也請注意立春的問題）。

生肖	地支	生肖	地支
鼠	子	馬	午
牛	丑	羊	未
虎	寅	猴	申
兔	卯	雞	酉
龍	辰	狗	戌
蛇	巳	豬	亥

舉例來說：1964年出生的人屬龍，地支為辰。
1972年出生的人屬鼠，地支為子。

萬一不知道自己的生肖，可以用西元出生

年份（不要忘記立春的問題）除以12。用餘數
在下表中查自己的地支：

餘數	地支	餘數	地支
4	子	10	午
5	丑	11	未
6	寅	0	申
7	卯	1	酉
8	辰	2	戌
9	巳	3	亥

舉例來說：
1964年出生，1964除以12，餘數8，地支為辰。
1972年出生，1972除以12，餘數4，地支為子。

　　第二步，用出生年的干支，對照下表，找
出當年的納音與五行。

干支	納音	五行
甲子、乙丑	海中金	金
丙寅、丁卯	爐中火	火
戊辰、己巳	大林木	木
庚午、辛未	路旁土	土
壬申、癸酉	劍鋒金	金
甲戌、乙亥	山頭火	火
丙子、丁丑	澗下水	水
戊寅、己卯	城頭土	土
庚辰、辛巳	白鑞金	金
壬午、癸未	楊柳木	木
甲申、乙酉	井泉水	水
丙戌、丁亥	屋上土	土
戊子、己丑	霹靂火	火

計算出生年份的
天干地支：

1982年出生，
生年末位數2，
天干是壬；
出生年除以12
的餘數是2，地
支是戌。
干支是壬戌。

1969年出生，
生年末位數9，
天干是己；
出生年除以12
的餘數是1，地
支是酉。
干支是己酉。

六十甲子納音，
本六十律，旋相
為宮法也。
一律含五音，凡
氣始於東方而右
行，音起於西方
而左行，陰陽相
錯而生變化。
　　～三命通會

黃帝將甲子分輕
重而配成六十，
號曰花甲子……
自子至亥十二
宮，各有金木水
火土之屬，始起
於子為一陽，終
於亥為六陰。
其五行所屬金
木水火土，在
天為五星，於地
為五岳，於德為
五常，於人為五
臟，其於命也為
五行。

～三命通會

干支	纳音	五行
庚寅、辛卯	松柏木	木
壬辰、癸巳	長流水	水
甲午、乙未	沙中金	金
丙申、丁酉	山下火	火
戊戌、己亥	平地木	木
庚子、辛丑	壁上土	土
壬寅、癸卯	金箔金	金
甲辰、乙巳	覆燈火	火
丙午、丁未	天河水	水
戊申、己酉	大驛土	土
庚戌、辛亥	釵釧金	金
壬子、癸丑	桑柘木	木
甲寅、乙卯	大溪水	水
丙辰、丁巳	沙中土	土
戊午、己未	天上火	火
庚申、辛酉	石榴木	木
壬戌、癸亥	大海水	水

舉例來說，1972年出生的人，干支為壬子，纳音為桑柘木，所以纳音的五行就是木。

第三步，找出大門所對方向的五行。

大門的方向	五行
東方、東南方	木
南方	火
西南方、東北方	土
西方、西北方	金
北方	水

舉例來說，如果家中大門朝北，五行就是水。
如果家中大門朝西，五行就是金。

第四步，用下面這個五行喜忌表，來檢查人的納音五行與大門五行的關係：

人的納音五行	大門五行				
	上吉	中吉	可	小凶	大凶
木	水	木	火	土	金
火	木	火	土	金	水
土	火	土	金	水	木
金	土	金	水	木	火
水	金	水	木	火	土

拿前例那位1972年出生的人來說，出生年份的納音五行是木。所以先在上表‘人的納音五行’這一欄下面，找到‘木’字。

這個人如果住在大門朝北的房子，北方屬水。從‘木’往右找到‘水’，向上看是‘上吉’。如果房屋大門朝西，西方是金。從‘木’往右找到‘金’，向上看是‘大凶’。（上吉與大凶的原因，請看右邊的解釋。）

五行之中水能生木。大門的水可以生養本人納音五行的木，所以結果是上吉。

五行之中金會剋木。大門的金會剋害本人納音的木，所以結果是大凶。

結論：

　　住宅的大門如果在自己命卦的四吉方，並不需要太在意納音五行。如果已經在命卦的四凶方（尤其是絕命方和五鬼方），納音五行方面就必須要符合吉的原則。

　　如果住家大門在命卦的絕命方，大門的五行又剋害本人的納音五行（即上列五行喜忌表中的大凶一欄），最好趕緊找地方搬家。俗話說得好：留得青山在，不怕沒柴燒。一個人何必硬要跟自己過不去呢？

第二篇 住宅外面的環境

外在環境最重要

　　一般人看風水，最關心的是：房屋的坐向如何？大門朝那個方向開？廚房、浴室的位置對不對？床該放在那裡？財位有沒有問題？

　　這些事與我們的日常生活息息相關，對吉凶禍福會有直接影響，確實值得重視。但是論居家風水，首先還是應該看外在環境。

　　風水的吉凶主要是決定於‘氣’。如果外在環境氣衰，以致包圍在房屋四周的煞氣多、吉氣少，即使大門的方位開得再正確再有利，能納多少氣進來？納進來的氣又能有多好？實在讓人懷疑。

　　想要造就一個人，應該先看他的遺傳與天賦如何，再根據這方面的特點施予教育。

　　對住家風水來說，一棟房屋的外在環境相當於先天稟賦，內部格局相當於後天教育。如果天生資質太差，教育所能發生的功效，畢竟有限。

　　就像人無法改變自己的遺傳一樣，指望憑私人力量改變外在的大環境，談何容易。不過假如在開始選擇居住地點的時候，就能先注意到四周環境，想要趨吉避凶倒也並不是難事。

　　這裡以‘氣’為著眼點，談一談選擇住家環境需要注意的事項：

避免住在氣場過於強烈或者十分紊亂的地方

　　譬如說，高壓電會產生強烈的電磁波，造成‘氣場’的紊亂。比起風水上的許多煞氣來，它的影響其實更激烈，更直接。所以高壓電塔，變電所的附近，絕對不適合住家。

　　鐵道是另外一個例子。如果房子在鐵道的附近，火車經過時有震感，或者會被火車鳴笛聲吵得心神不寧，甚至影響到睡眠，這棟房子的風水必然會受到破壞。

　　高速公路的影響比鐵路要好些；不過假如住家距離高速公路太近，會感覺得到公路上來往車輛的震動，或者有噪音的困擾，最好還是遷地為良。

　　順便提醒大家：倘若住家附近有單向行駛的高速公路，也需要在風水上作特別的考量。

選擇地氣足的地方

　　古人常說：‘地靈人傑’。地氣在風水中向來佔有舉足輕重的地位，現在卻常常被一般人所忽略。

　　要辨別山水的來龍去脈，尋找山川鍾靈之氣，聽起來不像是凡夫俗子有能力做到的事。但是如果只想要找一個地氣旺足，適合住家的地方，其實不難；只要細心觀察四周的草木，就能看出地氣的好壞來。

如果一個地方草長得茂密，樹長得精神，開的花鮮艷美麗，結的果飽滿香甜，地氣一定足。也許有人會説，這跟土壤是不是肥沃有關係，和風水扯不上邊。事實上，土地貧瘠的地方，風水就不會好。

在有地下鐵的都市裡，大量的乘客以人氣帶動了地氣。如果要在看不到花草的市區裡買房子，離地鐵的出口近也是一種選擇的方式；像住在台北市，就不妨選購比較靠近捷運站的房子。（不過要避免正對出口，或緊臨出口的房子，以防氣過旺過急的時候會轉變成煞氣。）

凡是芳草鮮美、樹綠花紅的地方，地氣一定豐沛。住家在這樣的地方，可以藉地氣養屋氣，很容易得到風水的好處。

注意水對風水的影響

風水中的‘水’，讓人又怕又愛。

有人認為水就是財，所以房子外面要挖水池，房子裡面還要放魚缸，好像只要裡裡外外到處都有水，就能收到‘財源茂盛達三江’的美妙效果。

事實上，假如擺放的位置正確，水確實能招財致福；但是如果位置不對的話，卻要防可能會發生招災惹禍的反效果。無論屋外的水或者屋裡的水，都一樣。

確定水的位置是不是有利，屬於專業風水家的工作，不是三言兩語能說得清楚。不過有一種水絕對不好，是誰都看得出來的：死水。

死水是不流動的水；除了雨以外，再沒有別的水源。死水裡容易藏污納垢，時間一久，必然會有蚊蟲、有臭味。

這種水不但不能給你帶來好運，還會擋住吉氣，製造煞氣；房子格局再好，風水所能帶來的好處也會因此被七折八扣攔腰斬。

喜歡養魚或者養蓮花的朋友，在院子裡挖個小池塘，千萬不要忘了加裝一個濾水、換水的馬達，讓池裡的水不至於全然成為死水。記住：流動的水才能生財，死水只能生蚊子。

不過，流動的活水是不是能夠生財，也要看流動的方向與速度而定。

院子裡面的水池，無論面積大小，都需要有馬達濾水、換水，才不至於成為具有煞氣的死水。

理想的水，流速要和緩、走勢要曲折、水流的方向要朝向房屋的大門，才能把財氣送到家裡來。

如果站在大門看流水，感覺水流的方向像是往外流走，家中錢財容易外流；如果水流的速度非常急、像是對著自己直衝而來，送來的往往並不是財喜，而是災厄。

住家的附近有水，一定要把上列事項分辨清楚，才能知道是福是禍。

了解附近鄰居的遭遇

很多人買房子時會打聽‘前手’。前面住的人如果升官發財、結婚生子，房子的格局應該不錯；如果破產、離婚、生病或意外死亡，風水恐怕有問題。

其實，對房子外面的大環境應該付出更多的注意。譬如說，一條街上住了十戶人家，如果其中有三家離婚、兩家出車禍、一家破產，整條街的‘外氣’顯然不吉，你又何必去湊這樣的熱鬧？

我們出生的時候，無法選擇自己的父母，對於遺傳更沒有插手干預的機會。但是在選擇住家環境的時候，卻幸而能有決定的權利，不應該白白放棄。

雖然是同一條河，對於兩岸的房屋來說，由於位置不相同，與河流之間形成不同的互動，以致風水上的禍福也大相逕庭。

房屋外面的煞氣

萬事莫如避煞急

一般人無論購屋置產，或者租賃住宅，當然都希望能住得平平安安，無災無難。

想要達到這個目的，最重要的事，就是房屋外面沒有煞氣。

什麼是煞氣？就是風水上的不吉之氣，也就是會破壞好運，導致災禍的負能量。

這些煞氣中，凡是因為附近的建築物和自然景觀的外形所造成，稱為‘形煞’。

因為聲音所造成，稱為‘聲煞’。

因為穢氣所造成，稱為‘穢氣煞’。

另外還有些特別的建築物，也會形成某些特別的煞氣。

如果您覺得自己自從住進某間房子之後，好像做什麼都不順心，就該考慮是不是有風水上的問題。而最先要檢討的，就是房屋外面的煞氣。

這些煞氣就像恐怖份子一樣，每天不聲不響的站在人身邊，冷不防丟一個炸彈出來，能造成很大的傷害。

就風水的觀點來看，可以說萬事莫如避煞急。

絕大多數的屋外煞氣是形煞

為了提高一般人的警覺，各種形煞幾乎都有一個讓人聽了毛骨悚然的名字，像是‘破心煞’、‘天斬煞’、‘鬼箭煞’、‘飛刃煞’、‘血盆煞’ 等等。

倒不能怪這些名字嚇人，形煞確實會引起各種不同的災厄：輕的家中容易遭竊，住在裡面的人常心神不寧，而且不能聚財；重的會導致疾病、意外、破產、外遇、失業。

更嚴重的還可能引起離婚、死亡。形煞對生活所造成的威脅，確實比讓大家聞而色變的恐怖份子還要可怕。

一般來說，房外的煞氣會影響全家人的運氣，而且很難完全化解（有些煞氣甚至於根本無解）。只有在購屋以前多花一點時間觀察，避開買到外面有形煞的房子，才是上策。

分辨煞氣的本質

形煞五花八門的名稱，不但不容易記憶，而且會讓人顧此失彼，往往只避開自己聽過的煞，對於沒有聽過的煞就無從迴避。這裡把形煞的成因歸納出來，讓各位認識這些風水殺手的長相；同時也介紹一些減少煞氣的方法，供各位在無從迴避的時候使用。

至於它們的名字到底叫張三還是叫李四，就不是這篇文章的重心所在了。

形煞的五大凶神 ——
尖、角、衝、射、壓

形煞的造成，是由於房屋四周的建築物或自然景觀，對自己的住宅發生了尖、角、衝、射、壓的形勢。其中尖、角、衝、射、主要是衝著大門來的；壓卻要以整棟房屋論。

以下各篇將分別討論這五種形煞，以及個別的化解方法。

形煞中的尖煞與角煞

尖煞

從大門看出去，如果正對著尖塔式或頂部成三角形的建築，就顯示被‘尖煞’所沖。（假如是斜對大門，煞氣就大為減輕。畫一條與大門垂直的線，向左及向右各斜出十五度，只要不在這個範圍之內，大可不必太放在心上。）

譬如說，尖頂的教堂、鐘樓、電塔、水塔、發射塔、涼亭、煙囪，都屬於這種煞。如果有路標、路燈、旗桿、電線桿這些細而高的物件，連高大的樹木，也算在內。

造成煞氣的物體，本身越高，距離住宅越近，煞氣就越重。如果又高又尖，或者又高又細，形成的煞氣格外輕視不得。

化解尖煞的方法

假如對沖而來的尖煞是建築物，可以在大門的上方（最好正對著煞氣的來源）掛一個凹鏡，或者八卦凹鏡。

凹鏡裡的映象是反轉的。把煞氣倒轉過來射回去，就不再具有殺傷力；是一種忠厚溫和的化解方式。倘若掛平面鏡的話，等於是正面拼鬥，力弱的一方，一定會受到損毀傷害。

假如煞氣來自自然物，譬如說大樹或者山峰，可以在門上掛一個平面鏡，同時在門側掛一個風鈴來化解。風鈴的長度要與煞氣成正比。風鈴的材料與大門的方位有關，在本書下冊的‘風水吉祥物’中，會做詳細的說明。

當煞氣非常重的時候，風鈴的力量嫌弱，就不得不借重具有特殊效果的八卦鏡了。如果可能的話，在大門前以土、石做庭院造景，或者放兩個石獅子，效果會更好。

尖煞屬火。化這種尖煞，土、石要比水塘，或者噴水池好得多。專門針對尖煞所佈的水局，會引起水火相爭的‘鬥煞’；如果鬥輸了，後果比原來的煞氣更加可怕。

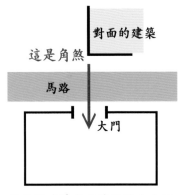

對面的建築或圍牆的轉角如果對著大門，就會形成角煞。

角煞

從大門看出去，如果正對著其他建築物或圍牆的轉角，受到的就是角煞。這種煞氣的大小，和它的體積成正比。對方的建築物越是高大，煞氣就越重。

與建築的材料也有關係：竹籬笆就比磚牆的煞氣要小很多；

磚牆的殺傷力又遠不如鋼筋水泥了。

　　當然還關係到距離。距離越近，煞氣越凶猛。如果中間隔著車水馬龍的大馬路，煞氣就要減弱很多。

化解角煞的方法

　　因為對方只是牆或建築物的一側，所以在對付角煞的時候，顧忌比較少，不論煞氣的輕重，都可以在大門上正對煞氣的地方掛一個八卦鏡。

　　八卦鏡的大小要和煞氣的輕重成正比。煞氣大，鏡子小，無關痛癢，發生不了效用；煞氣小，鏡子大，可能連吉氣也被排除在外，造成殺敵一萬，自傷八千的結果，非常不合算。

　　如果煞氣過重，前述土石造景和石獅子化尖煞的方法，拿來化角煞也一樣管用。

形煞中的衝煞

衝煞

假如大門正對著直沖過來的馬路、橋樑，就形成衝煞。後門如果有同樣情形，也一樣屬於衝煞，不過煞氣的嚴重性在程度上要比前門輕微得多。

衝煞的力量和來勢成正比：直沖而來的道路或橋樑越寬、交通流量越大，損害的力量也就越厲害。

化解衝煞的方法

遇到衝煞，很多人喜歡用八卦鏡來化解。不過道路橋樑屬於公用設施，如果把煞氣反射回去，容易傷害路上的行人車輛，不是很道德的做法。更何況自己和家人用到這條路或橋樑的機會，比起別人要來得多，很可能結果還是自己受傷害。

假如衝過來的煞氣並不嚴重，不妨在前院種一排灌木（灌木的高矮與密度應該和煞氣的大小成正比），除了阻擋煞氣，還有藏風蓄氣的效果。這種方法不但能化戾氣為祥和，更可以美化庭院，真是一舉數得。

　　不過千萬記住不要種得離大門太近，以免阻礙了氣的流通，造成家運不振。

　　倘若煞氣極大，只種灌木叢不見得夠力，還需要在門前豎一個‘石敢當’。古人製石敢當在時間與材質方面都有講究；如果隨便拿塊石頭寫上泰山石敢當幾個字，未必能有效驗。

另類衝煞

　　如果門前有弧形的河、路、橋經過，而住宅位於弧形的外側，會受到像刀刃一樣直衝而來的煞氣。這種煞氣也屬於衝煞的一種。

左圖的河流呈弧形，狀如乙柄明月彎刀。

河流的左岸正當刀鋒過處，面對衝煞，風水相當不利。

右岸卻因為被大河溫柔環抱，成為十分理想的居住區域。

河流、道路、大橋的彎度越急，煞氣越險惡。水流的速度越急，道路橋樑的交通流量越大（尤其高速公路），煞氣的力量也越強。

遇到這種另類衝煞，不一定要和大門正對，只要住宅的位置在弧形的外側，就會受煞。

如何化解另類衝煞

遇到另類衝煞比較麻煩，需要根據屋子的坐向與主人的五行屬相來化解，不是三言兩語能說得清楚。但是倘若聽任不管，煞氣會日積月累的增長，對住在屋裡的人相當不利。

面對這一類的煞氣，恐怕還是只有三十六計，走為上計。想要靠一兩件風水法器或者吉祥物來化解，就像螳臂擋車一樣，發生不了什麼實際作用。

形煞中的射煞

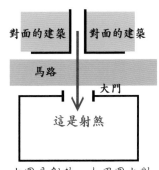

上圖是射煞。如果圖上對面的兩棟建築物都很高，還有可能形成惡名昭彰的天斬煞。

射煞

　　如果住宅大門正對兩棟大樓的中間，會面對從這個空隙中直射過來的煞氣；大門如果正對非常狹窄的巷道，也會有同樣問題。這種直穿而來的煞氣，就是射煞。

　　對面的大樓越高，兩棟大樓之間的距離越近，形成的煞氣就會越嚴重；不過假如和住宅之間隔著相當的距離，煞氣會減弱。

　　尤其要是中間有交通流量很大的道路隔開的話，更形成一層自然的保護網，雖然不能完全‘免疫’，破壞力會大為降低。

　　如果面對的是窄巷，煞氣的大小和巷道的長短成正比：巷道越長，煞氣越大；和巷道的寬窄成反比：巷道越窄，煞氣越大。換句話說，既長又窄的巷道，煞氣最可怕。

建築物的大門如果正對著狹窄的長巷，會承受射、衝、晦氣等種種煞氣，即使少有行人車輛在此進出，仍然不適合居住。

化解射煞的方法

　　這種煞非常凶險。惟一可以避煞的方法是改換大門的門向。

　　不過就算換了門向，住宅必然還是會有一面牆壁受到煞氣的衝擊。這扇牆的裡

面,最好拿來做廁所或儲藏室;假如做為家人的臥室用,睡在裡面的人還是多少會受到煞氣的傷害。

倘若正好有一棟建築(如左圖中綠色的建築物A),橫擋在形成射煞的大樓或者巷道的另一頭,可以切斷煞氣的後援,煞的力量會因此大為減低。在這種情形下,只要築上一道圍牆,讓圍牆的門錯開煞氣的來路,就能完全化解煞氣的威脅。

光的反射也是一種射煞

光煞的種類繁多。

如果住家正對著帷幕牆大樓,有可能因為光的反射而承受光煞。

家住湖邊、海邊、池塘邊,有可能因為水面反射的日光而承受光煞。

住在商業區,則容易受到霓虹燈照射,同樣會產生光煞的問題。這些光從大門或窗戶照進家裡來,就會有殺傷力。

還有日光。陽光雖然是風水之寶(見下冊'老天爺加持的風水三寶'),但是如果直射入眼,或者會造成生活上的困擾(譬如西曬的問題),也一樣要當作光煞看。

化解光煞的方法

住家遇到光煞，千萬不要在大門上掛鏡子把光反射回去，這樣做只會使問題更嚴重。

假如院子夠大，在外面圍起圍牆，或者在院子前面種一排樹來擋住光的照射，是最穩當的化解煞氣的方法。

如果大門是能透光的玻璃門，應該趕緊換成不透光的實心門。至於對著光煞的窗戶，可以用厚重的窗簾遮住。

只要能使光線不要直射或反射到家裡來，光煞所能造成的傷害就極為有限。

凡是屬於‘尖、角、衝、射’之類的形煞，也可以藉在屋外種植針刺類如仙人掌的植物來抵擋。不過這類植物本身就帶有煞氣；大門是住宅的進氣口，那有在門口種煞的道理？所以不鼓勵大家採用這個方法。

倒是當陽台、窗戶或後院有外來的形煞時，不妨酌情使用。

形煞中的壓煞

壓煞

假如住宅的前面或者左右兩邊有任何比自己高出很多的建築物，房屋會承受到來自對方的壓力，稱之為壓煞。

拿左圖來說，被圈起來的低矮房屋，夾雜在高樓大廈之間，就形成了非常典型的壓煞。

雖然壓煞可能來自四面八方，不過從左右壓來的煞氣，沒有從大門前方來的壓煞可怕。

換句話說，正面對著一棟高過自己的樓房，比左邊或右邊有高樓大廈，要來得更嚴重。

化解壓煞的方法

大門前面遇到壓煞，只有改換大門的方向，才能避開煞氣。

聽起來好像有一點匪夷所思，但是像上列情況，如果能因為改變門向使得高屋變成在自己的後方，還可能有把煞氣變成靠山的好處！

倘若四周的房屋都很高大，大門的方向無論如何改變，都不能擺脫由前面來的壓力，只有拆除了也改建成大樓，沒有任何其他有效的化解方法。

壓煞的嚴重程度，和對方的高度成正比，同時也和彼此間的距離有關係。對方的建築物越高，靠自己越近，形成的壓力就越大，對家運的破壞力也就越可怕。

千萬不要對壓煞掉以輕心。這種煞氣不但無從化解，還會在住戶的身上日積月累，殺傷力越來越大，到最後連搬家都不見得能馬上擺脫。

另類壓煞

如果有高壓電線近鄰住宅上房經過，電線所傳導的電流也會形成一種‘壓煞’，對所有住在這棟屋子裡的人造成傷害。

尤其嬰兒、幼童、孕婦與年老體弱的人，會是最大的受害者。

靠近住宅的高壓電線，不但是風水上無形的煞氣，在實際生活上也相當危險，還是早日搬家的好。

滯氣與洩氣也算煞氣

滯氣與洩氣

除了上述的‘尖、角、衝、射、壓’等有形的煞氣之外，還有兩種對氣場相當不利的情況，值得一提：一是‘洩氣’，一是‘滯氣’。這兩種不良之氣也是由房屋的外在形勢所造成，所以歸類在形煞中一併說明。

洩氣

形成洩氣的主要場所，不外是荒廢棄置的建築物，或者上下車道的出入口。

長期沒有人居住或使用的建築物，在氣場上會形成一個如同黑洞的漩渦，使四周的吉旺之氣大量流失。

被廢棄的建築物，體積越大，荒廢的時間越久，流洩旺氣的能力就越強。假如不趕緊拆除或者重新改建的話，會把附近其他的建築物的氣場一併帶壞。

上下車道的出入口也會造成洩氣。假如住家正對著地下停車場或者地下停車場的出入口，就會受到影響，吉氣不斷的被吸走，家道很難興旺得起來。

倘若這種出入口並不正對大門，卻在住宅的右邊（站在家門口往外看，右手邊的地方），就不僅只是洩氣而已，還會更進一步的形成煞氣。在風水上有個名堂，叫做‘白虎開口’，會帶來意外的災禍，嚴重的甚至讓住在裡面的人發生血光之災。

滯氣

滯氣是停滯不動的氣。氣場以活潑生旺為吉；一旦停滯不動，就如同死水生蟲一般，會生出種種穢氣來。

什麼樣的情況會讓氣停滯不動呢？

一種是住宅本身低矮，四周的建築物都比自己高，形成一個盆地。由於清氣上升，濁氣下降的緣故，四周高樓的污穢之氣自然都沉澱到低矮的房子周圍。

另外一種滯氣產生於沒有出口的巷道（dead end）。這種巷道如果本身不長、寬度又夠的話，因為氣有迴轉的餘地，問題不大；倘若陰暗狹窄，不但人車出入不便，氣場也會呈停滯狀態，使巷子裡的住戶家運難以興旺。

滯氣煞與壓煞略有不同。
壓煞由壓力形成；只要大門面對高大的建築物，就會形成壓煞。
滯氣煞需要在四面都是比自己高的情況下才會發生。

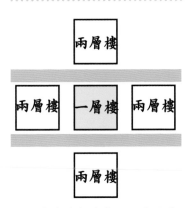

上圖這棟綠色的房子，前後左右的房子都比自己高，形勢如同盆地，自己位於盆底，形成了滯氣煞。

窄深的巷道，越往裡面走，滯氣就會越沉重。所以巷口的房屋受影響比較小；巷尾的住戶，受害就要大得多了。

沒有化解的方法

洩氣和滯氣雖然不像煞氣那麼凶惡，但是會使住在這個環境裡的人情緒低落，做什麼事都提不起勁。最糟糕的是，除了搬家之外，幾乎找不出什麼能有效防止洩氣或者化解滯氣的方法。

上了年紀的人還無所謂，正在為前途打拼的年輕人，還是避免住在可能有洩氣或者滯氣的地方為妙。

陰陽煞

陰陽煞

　　如果居住的環境有陰氣（神靈之氣，鬼魂之氣，怨恨之氣，邪惡之氣）與陽氣（人氣）夾雜的現象存在，就會形成陰陽煞。

　　法院、警局、監獄之中多怨懟憤恨之氣；醫院、墳場、殯儀館、火葬場、屠宰場之中多病痛死亡之氣；色情場所裡面聚集了淫蕩貪婪之氣。這些惡氣會形成負能量，所以在風水上來說都不是住家的理想場所。

　　至於寺廟、教堂，平日進出的信徒屬陽，內裡受拜祭的鬼神則屬陰。像這樣陰陽之氣相夾雜的情況，同樣會影響附近的磁場，所以也被認為‘住家不宜’。

住宅犯陰陽煞，受影響最大的就是家人的健康；有老人幼童的家庭，更不能掉以輕心。假如不化解的話，運氣也容易‘變衰’，常常會碰到一些意想不到的倒楣事。

化陰陽煞的方法

要化陰陽煞，最好是用大葫蘆。一來可以除病解厄，二來可以招福納祥，對陰陽煞來說，正好對症下藥。

不過，放置葫蘆也有諸多講究。弄錯了恐怕效果不彰。

如果家中有人生病，可以把葫蘆放在病人的臥室裡；要記得把葫蘆的蓋子打開，才能生效。

倘若家中沒有病人，只是用來防煞，就要把葫蘆放置在房子裡面靠近陰陽煞的一邊。

同時還要注意葫蘆的顏色與質地。

陰陽煞如果在南邊，最好放陶瓷製葫蘆，黃色、白色都不錯，忌黑。

如果在北邊，最好放天然的葫蘆，加上綠色或金色的絲帶。

如果在東邊，可以放一個喜氣洋洋的紅葫蘆，或者在葫蘆上繫上紅色的絲線。

如果在西邊，最好能在葫蘆裡裝一點水或者酒，功效更大。

話說回來，化煞到底不如避煞。在選擇住家的時候，盡量避免靠近可能會產生陰陽煞的地方，才是上上之策。

教徒年輕的教堂，陰陽煞輕

美國的教堂非常多，因此住家附近有教堂的可能性就比較大。

如果所屬教眾多半年富力強，精力旺盛；教堂中又經常舉行洗禮和婚禮的話，所帶的陰陽煞氣會大量減輕。

根據作者看風水的經驗，像這樣的教堂，只要不正對住宅大門，一個大葫蘆就足以解決問題啦！

但是在老人多的地區，教堂中以舉行喪禮的次數居多，陰陽煞的力量也會相對大增。假如大門面對這樣的教堂，除了改變門向之外，就很難避開陰陽煞的影響了。

聲煞與穢氣煞

　　房屋外面的煞氣，除了形煞之外，還有聲煞和穢氣煞，也能在風水上造成不良影響：

聲煞

　　凡是會擾亂心神的噪音，或者震耳欲聾的吵雜聲，都會形成聲煞。

　　假如住家或上班的地方靠近飛機場、火車站，或者附近正在進行打樁工程，就要小心身心兩方面會受到聲煞的傷害。

不要小看聲煞的破壞力。聲波對人造成的干擾，長期下來，比形煞還要來得嚴重。

　　高分貝的噪音不但有可能導致失聰，還會損傷人的視力，引起神經衰弱症候群（頭痛、耳鳴、記憶衰退）。對懷有身孕的人來說，更要防它影響胎兒發育。

　　就算分貝不高，令人不快的噪音也會妨害我們的正常生活，讓人心浮氣躁、情緒失衡，運氣怎麼能好得起來？

　　有人認為，只要自己的定力夠，能夠聽而不聞，就不會受什麼影響。坦白說，這種講法實在似是而非。

噪音就如同被污染的空氣一樣，能傷人於無形之中，雖然你沒有意識到它的存在，事實上聽覺神經已經照單全收了。

除了噪音之外，即使音樂或者歌曲，甚至兒童的喊叫聲，如果聲音太大，持續太久，也一樣有可能形成危險的煞氣。

古時候的人生活環境單純，馬路上既無高速急駛，造成噪音的車輛，更從來沒有聽過重金屬音樂，所以連自然界持續不斷的流水聲、瀑布聲、松濤聲，都被古代風水家當作聲煞來看。

飛銀濺玉的瀑布，是自然界美景之一。但是如果家住瀑布附近，那日夜不息的嘩啦聲，會成為聲煞，破壞居家風水。

化聲煞的方法

要徹底化解聲煞，只有‘隔音’；其他的化煞方法，多半都只是心理上的安慰而已，能收多少效果？令人懷疑。

裝置高質地的門窗以及隔間材料，雖然所費不貲，如果真能隔絕掉聲煞，絕對物超所值。

假如聲煞只是暫時存在（譬如說，附近有正在進行的工程，或者臨時的聚會遊行），在家的時候戴一副耳塞來減低聲煞的困擾，也不失為一個可行的方法。

穢氣煞

光煞針對視覺；聲煞針對聽覺；穢氣煞針對的則是嗅覺。如果住家的附近有垃圾場、臭水溝、不潔的河流，或者有屠宰場、畜牧場、化學工廠等等，都可能發出刺鼻的異味，形成穢氣煞。

穢氣煞不但會損害家中成員的健康，對家人的事業和愛情也有非常不利的影響。

住陽宅風水主要講求的是‘藏風聚氣’；住家的四周如果聚的都是穢氣，無論如何調整，都不可能引進吉氣來，所以是風水上的大忌。

化解穢氣煞的方法

緊閉門窗，大量使用空調，當然都能有助於減輕穢氣。不過釜底抽薪的辦法，還是要從清除產生穢氣的根源著手：穢氣的來源是垃圾堆，就要把垃圾移走；是臭水溝，就要把水溝清理乾淨。

這些事說起來容易，做起來相當困難。尤其是住在屠宰場、畜牧場、化學工廠的附近，怎麼可能輕易把這些企業搬走挪開？在這種情況下，恐怕只有三十六計，自己搬家為上計。

也許有人會問：化聲煞可以帶耳塞，化穢氣煞能不能戴口罩呢？

如果穢氣只是短時間的事（譬如附近的人家在通化糞池，一兩天就可以完工），戴口罩應該就能解決問題。

但是假如居住的生態環境中長期有穢氣，臭味會留存在人的身上和家具上，口罩能起的作用實在不大。

池裡的水。可能帶來財，也可能只是禍水。
水滴的聲音，可能讓環境更富有詩意，也可能成為聲煞。
風水中沒有絕對的吉與凶，需要自己細心體會、觀察。

選擇理想的住家地形

四靈說

在確定外界沒有可怖的煞氣之後，我們現在要開始進一步為大家介紹，如何選擇理想的住家風水。

第一步，得從住宅所在地的地形著手。地形對氣的吉凶往往具有決定性的影響，所以極受風水家的重視。有名的‘四靈說’，就是古代風水家選擇地形所匯集出來的一個標準。

所謂四靈，指的是‘前朱雀、後玄武、左青龍、右白虎’這四種神獸。不要小看了上面短短的十二個字，其中至少包含了陰陽、五行、方位、顏色和地勢這些概念。

假如住宅坐北朝南，那麼四靈說中所包含的陰陽、五行、方位、顏色、地勢，全都能派得上用場。但是如果住家面朝其他方向的話，就只能用到其中的陰陽、顏色和地勢了。

這一章裡專談住家地形，用到的正是四靈說中有關地勢的一部分。

前朱雀要低

屋前為朱雀（朱雀是紅色的鳥），指房屋前面最好有平坦的明堂，可以藉此聚氣。屋後為玄武（玄武是黑色的烏龜），指房屋後面最好地勢高起，或者有比自己高大的建築，可以藉此藏風。請記住：藏風聚氣正是風水的最高目標。

不過屋前雖然要比屋後低，卻不能低過前面的馬路。假如房屋的地基低於路面，又靠路面很近的話，屋子會直接承受到路上的穢氣，對居住者的健康大為不利。倘若離馬路有一段距離，路上沉積的穢氣被風吹散，影響就不會太嚴重。

假如屋前是一片陡急的下坡地，也不是好現象。從大門走出來就一路向下，顯示不能聚財。有幾種房屋屬於容易散財的風水，開門馬上走下坡路，是其中之一。

上圖這棟房屋所處的地勢就非常符合四靈說的要求：後面有山丘作倚靠，兩邊有大樹左右扶持，前面還有一大片平地，可以用來作為蓄氣的明堂。

後玄武要高

屋後的地勢雖然以高起為佳，但坡度最好是緩緩上升。如果有陡峭的山壁，或者高大的建築，非常貼近自己的住宅，在氣流上形成急遽下降的狀態，也不能算是好風水。屋子背後如果有這種不穩定的氣流存在，容易造成生活上潛伏的危機。

萬一屋後空曠無靠，種樹是簡單易行的補救方法之一。因為目的是為做住宅靠山之用，所以最好種高大的喬木。株數不宜太多，不要靠房子太近，同時還要注意樹的形狀，如果長得奇形怪狀，或者看起來張牙舞爪，寧可沒有的好。

需要注意的是：如果您的住宅坐西南朝東北，或者坐東北朝西南，就不適合藉種樹來彌補背後無靠的缺憾，需要另想他法才行。

青龍為陽，白虎為陰

上圖的這一排房屋，建築在斜坡上，地勢左高右低，屬於風水上所謂青龍壓過白虎型的建地。

站在屋子裡向外看，左邊叫做‘青龍’，右邊叫做‘白虎’。青龍屬陽，象徵男性；白虎屬陰，象徵女性。我們習慣上認定的男左女右，和風水上青龍白虎的看法，兩者正相符合。

也正因為這個緣故，傳統風水認為，住宅的建地如果右邊高過左邊的話，表示白虎壓過青龍，家庭將由女性掌舵，男主人會面臨乾綱不振的危機，因此屬於不吉之兆。

其實時代進步，男女平權，妻子如果有能力撐起半邊天，可以分擔丈夫肩膀上的負荷，對男人不見得是壞事；非要藉風水來壓制女性不可，已經不合於現代文化的考量。

不過從另外一個角度來看，白虎在古代象徵刑殺（熟悉“水滸傳”的朋友，應該會記得‘白虎節堂’吧），假如住家的右邊高過左邊，叫

做'白虎昂頭'，容易招惹官非，這一點不能不防。風水上有'不怕青龍高萬丈，只怕白虎抬頭望'的說法，就是畏懼代表白虎的右邊過高所帶來的殺氣。

所以住家最好還是宅屋的左邊能夠高過右邊，左邊的人氣能夠比右邊強旺。因此假如有分離式的車房（detached garage），安置在房屋的左邊比在右邊要好。汽車的出入一定會帶動氣場；龍動虎靜，更加有助於獲致生活上的幸福安寧。

風水上決定屋子的左右，是以人站在房門口向外看為標準。像上圖的車房，就在房子的左邊。

坐空朝滿要靠自己努力

住宅地勢如果後高前低，為'坐滿朝空'之局，被認為是好風水的基本條件。那麼後低前高，'坐空朝滿'，是不是就一定不好呢？倒也不盡然。在'理氣派'的理論中，有些房子還特別需要這樣的格局，才是吉相。不過通常都需要專家才能鑑定，如果自己DIY，很容易發生錯誤。

美國很多號稱擁有景觀（view）的房屋，前面對著馬路，背後或是一片水域，或是低窪的山谷，或是高爾夫球場，形成'坐空'。這一類的房屋往往價格相當昂貴，沒有一點身家

上圖這棟房屋，背後是一大片水域，可以說標準的'坐空'，房價可不便宜。

還真負擔不起。要是硬拿前朱雀後玄武的標準來指為風水不佳，並不切合實際。

根據筆者多年勘察風水的經驗，這種房子的主人多半白手起家，憑自己的努力掙得房產，對祖上的依賴很少，受貴人提攜的機會也不多。與風水上'坐滿朝空'才能有靠的說法毫不衝突。

來路要彎曲有情

除了地勢的高低之外，氣的來路也非常值得重視。這一點，就要分交通幹道和門前小路兩方面來看。

由於氣順路而進，所以直接通進家門的那條路，最好能蜿蜒曲折，使來氣緩緩漸進，能夠因此得福。假如是直沖而進，就算吉氣也會帶煞氣，當然不可取。

至於交通幹道，則指離家最近的一條主要道路（馬路要寬，交通流量要大）。在地圖上找出自己住的地方，再檢查大道與住宅之間的關係。假如大道對住家形成遙遙環抱的走勢，就非常理想。倘若反背而去，也一樣有可能會形成煞氣。

如何選擇建築用地

相信很多人都有經驗，想要找一個風水好的住宅，是一件非常讓人頭疼的事。

本書前面曾經提到，房屋有本身的風水，屋主也有他個人所需求的風水。有的人好不容易找到了一棟本身風水不錯的房子，卻不符合自己的需求，就像看到一件非常合意的衣服，但是尺碼不合，只好望之興嘆。

假如能夠量身訂製，當然就不會有這種困擾。所以很多人在東挑西選都難以如意之後，常常會買塊地自己蓋房子。這麼一來，大門的朝向，室內的隔間，完全可以依據自己和家人的風水需要來設計，自然比買現成的房屋要好得多。

這裡就談談自己買地蓋房子，在選擇建築用地的時候所需要注意的事：

第一，要了解建地的前身

如果是一片新開發出來的建築用地，一定要調查在做為建築用地之前，這片土地的原始資料。像以下這幾種不適合蓋住家的土地，最好不要購買：

» 原來是沼澤水域，最近（少於六十年）才經由填土而發展出來的新生地。

這一類的地還沒有培養出地氣來，在風水上屬於先天不足。假如是為了風水的緣故買地蓋屋，選擇這種地就毫無意義可言。

» 曾經做為垃圾場、化糞池，或者堆積過化學原料的土地。

這一類的地受過污染，對人的健康會形成威脅，不應該列入考慮。

» 曾經用來當過刑場、墳場、殯儀館、火葬場用的土地，或者曾經發生過巨大災變，譬如說失過火，或者發生過刑案的土地。

這一類的地不是陰氣太重，就是怨氣太沉，無論如何調整，風水的吉氣都會受到干擾。

雖然有人認為，只要以正確的方式拜祭就能清除陰靈，但是除非別無選擇，否則又何必以自己的身家去冒險找這種麻煩呢？

第二，要注意建地的位置

在前一篇'選擇理想的住家地形'中提到過'四靈說'，指出住家的地形以'前朱雀、後玄武、左青龍、右白虎'最為理想。因此在選擇建地的時候，就應該注意四周的環境，看看是不是能合於這個標準。

最合四靈說的建地是前方開闊，其他的三邊有靠。什麼叫有靠？對左右來說，有通道也算，有河川也算，有矮丘也算，有別的建築物當然也算。對後方來說，地勢最好能夠比自己要高；後方如果有大樹或者稍高於自己的建築物，也符合要求。

四靈說只是一個理想，要找完全合格的土地並不容易；有時候考慮到工作地點、孩子上學、日常購物等等的方便，不得不在選擇建地的時候有所遷就。但是如果碰到下面這兩種建地，需要慎重考慮：

> 四周空曠，隔得好遠才有人家的建地。

這樣的地方無處藏風，更談不上聚氣。在這裡蓋房子，人住在裡面會變得越來越孤僻，人際關係越來越差。假如是單身的話，還會增加姻緣的困難度，不容易遇到理想伴侶。

除非不打算馬上蓋房

四周非常空曠的地方，由於陽氣不足，不被風水家認為是成家立業、生兒育女的適當場所。

子，想等多年以後附近繁榮起來再說；
否則的話，這種建地還是不碰為妙。

（農家比較例外。房子如果被圍在自己
耕種的田地當中，田地是家人的工作場
所，可以藉地氣來補充人氣，與一般只
有自己一塊建地，附近人家稀少的情況
並不相同。）

» **四面臨街的建地。**

四面臨街的建地，四周都有氣在流竄，
住家蓋在這種地方，就像住在船裡面一
樣，做什麼都虛虛盪盪的，缺少安穩踏
實的感覺。

在這樣的環境中生活久了，人
會變得沒有常性，嚴重影響事
業上的成功。

尤其是嬰兒孩童，假如成長期
間一直住在四周都是通道的住
宅中，容易養成浮動不定的性
格，影響一生幸福。

所以有年幼子女的家庭，特別
要避免這一類的建地。

第三，要注意建地的形狀

建地以方正為吉，正方形或長方形都屬於理想
的建地。

倘若建地的形狀如下列所述，就需要經過特別處理，才適合做為住宅的建築用地：

» **梯形建地。**

如果建地兩邊等長，但是前後的長度有相當差距，呈梯形，蓋房子的時候就要特別注意取向。

最好能把短的一邊規劃為大門的位置，由這裡進出（如右圖上款）。這麼一來，整個建築前窄後寬，能夠蓄氣，自然就能夠積福存財，與方正的建地一樣屬於吉相。

倘若把大門放在寬的一邊（如右圖下款），蓋出來的房屋成前寬後窄的格局，住進去以後會有先富後貧的隱憂。還要防家中人口日減，家運凋敝，走的全是下坡路。

» **兩邊長短不等的建地。**

倘若建地的左右兩邊一長一短，在風水上也不是吉相。

左邊短，有可能傷及家中所有的男性；右邊短，有可能傷及家中所有的女性。無論健康或運氣，都有受到損害的可能。

這種建地特別傷害年紀小的家人，連胎兒也包括在內。幸好解決的方

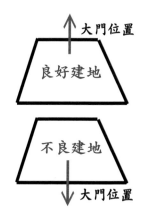

上圖的兩塊建地，形狀完全一樣，只因為大門的所在地不同，吉凶大不相同。

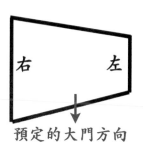

站在建地中間，面向預定做為大門的地方，左手邊為建地的左邊，右手邊為建地的右邊。

法並不困難（請看第111頁）。

» 三角形建地。

三角形的建地最凶，在剛開始建築的時候就容易發生糾紛，引起意外。

蓋在這種地形上的房子，氣場往往無法取得均衡；住在裡面的人會感覺精力日漸消退，容易罹患怪病或重症；對上了年紀的人，影響尤其嚴重。

這種形狀的建地，還特別有招惹外人覬覦的問題。在感情上來說，就是冒出婚外的第三者，使婚姻發生變故；在錢財上來說，就是引來宵小，發生偷盜、搶竊事件。

» 不成形的畸零地。

一般來說，不成形的畸零地價錢都會比較便宜，對準備蓋屋的人也可能發生吸引力。不過畸零地的地氣零散不整，售價儘管便宜，卻可能造成家運的無法凝聚，結算下來，恐怕得不償失。

如何處理形狀不佳的建地

凡是不夠整齊方正的建地，在風水上或多或少都有缺點。假如手上有這麼一塊地，該如何處理才好？

幸好建地不是蓋好的房子，改變起來不

難。土地本身雖然不整齊，只要打地基的時候，規劃出一塊整齊的面積來，就能得到合於風水標準的建地。

換句話說，只要肯割捨，無論是三角地還是畸零地，都能規劃成理想的住宅用地。

右圖粗黑線顯示的是不良建地；黃色是從不良建地中規劃出來的良好建地。

這些裁減下來的零頭地也不必浪費，每寸土地都能'地盡其利'，可以蒔花，可以種菜，可以栽培果樹，也可以鋪上草皮佈置成庭園。

不過請注意：絕對不能鋪上水泥，與住宅的地基相連！

即使只用這塊水泥地做為停車、打球、運動之用，也會因為和房子的建地連成一氣，以致前功盡棄，變回原來不吉的建地。

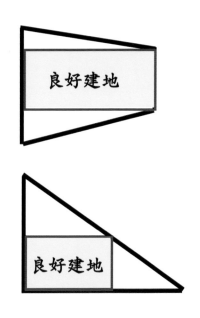

房屋的造型與風水

　　現代人蓋房子，越來越講究房屋的外觀。住在造型刻板的房屋裡，不僅外人會低估您的品味，自己也會感覺趕不上時代潮流；總要有些特色，才能突顯出屋主與眾不同的氣質來。

　　不過在設計房屋外型的時候，除了美觀實用之外，還應該要兼顧到對風水的影響。在滿足‘我的家外型好酷’的同時，也要能感覺到住進這個房子裡以後，自己的運氣走得越來越順暢，才是最完美的選擇。

方正的房屋保守性強

　　在前一篇‘如何選擇建築用地’裡，我們曾經強調過：‘建地以方正為吉，正方或長方都是理想的形狀’，這是因為方正的建地，能夠提供平穩安定的地氣。

　　那麼，房子是不是也該蓋得方方正正的才好呢？

　　方正的住宅四平八穩，當然有它的好處。一個人假如往後只想過安定平穩的生活，方正的房屋絕對是十分理想的選擇。

不過這樣的房屋外表過於樸拙，不合現代的審美眼光；內部的氣也會過於保守，未必能抓得住目前快速改變的社會節奏。對正在努力求發展突破的人來說，並不適宜。

倘若想要在外觀上求變化，在生活上求發展，住宅的造型勢必要凹凸有致。由於不同方向的凹凸，會對風水有或吉或凶不同的影響，所以在這裡要做一個詳細的說明，以供各位讀者參考。

首先，確定究竟是凹陷還是凸出

凹和凸是一個相對的概念：當某一個部位凸出的時候，就會形成另一個部位的凹陷。所以先要確定它究竟是凸出還是凹陷。

當凸出的部份，等於或小於房屋一邊長度的三分之一的時候，算作凸出。倘若超過一邊長度的三分之二的話，就不能算是這一邊的凸出，而要改算成另一邊的凹進。

凹陷也一樣，三分之一以內算做凹，三分之二以上就要算做是另一邊的凸出。

那麼凹凸的寬度介乎三分之一與三分之二之間呢？

凸出本來顯示在某一方面有突破的潛能；一旦凸出的面積過寬，氣的力量不能集中，能量也

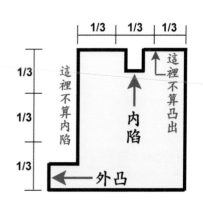

就有限。凹陷本來顯示在某方面會有力量不濟的隱憂；倘若凹進的面積過寬，缺憾也就不那麼明顯。所以介於三分之一與三分之二之間的凹凸，在風水上的吉凶比較模糊。

需要注意的是：當凹凸超過房屋一邊的三分之一的時候，所包含的範圍很可能已經不只是一個方位了。

其次，要確定凹凸處的方位

參照本書中‘確定住宅的八方’（第20頁）一文劃定住宅的八方，然後按圖索驥，就能分辨出房屋外型凹和凸的部位，究竟在這八個方位中的那一部分。不同方位的凹凸，在風水上各有不同的影響。

東方

東方之氣如草木萌芽。這一部份凸出的住宅，不適合只有老年人的家庭居住。

東方部份凹陷的住宅，則對住在裡面的年幼男童與年輕男性不利，長子受到的影響尤其大。

東方凸出，能養成蓬勃朝氣

房屋如果在東方凸出，顯示這個家庭富有蓬勃的朝氣。因為東方屬於陽位，所以這份朝氣多半應驗在家中的男性，在事業或學業方面有積極進取的表現。

不過凸出太多的話也會發生問題：造成男性成員冒險衝動的性格，行事主觀跋扈，容易冒犯長輩，特別是會與父親起衝突。

這種房屋尤其不適合只有老年人的家庭居

住。雖然能使長者有不服老的心態，但是已經老化的精神與體力，畢竟無法配合'虎老雄心在'的心理企圖；時間長了，會引發健康上的種種問題。

東方凹陷使得意志消沉

假如東方凹陷的話，會使家庭的成員有得過且過的懶散心態。尤其青少年頹廢沮喪、缺乏朝氣，成為父母親的沉重包袱。

東方屬於長男的方位，所以東方凹陷對長男最不利；不但事業學業上多挫折，感情方面受到的打擊更大。家中長男如果婚後還和父母住在一起，要防婚姻起變化。

雖然身為長子，如果不和父母住在一起，在這棟房子裡並不具有長男的身分，受到東方的影響就不大。

東南方

東南方凸出，容易情場得意

住在東南方凸出的房子裡，有助於建立家人樂觀進取的自信心。

凸出的東南特別能為女性招來愛情；尤其家中長女的感情生活，會特別順利美滿。

這個方位還關係到長媳。如果父母與兒、媳同住，小倆口的感情好不好，也會受到住宅風水的影響。

倘若太凸出了，要慎防樂極生悲。錢財方面，怎麼來的就怎麼去，在手裡留不了多久。

東南過於凸出也讓人不能專注。愛情上容易見異思遷，常常有腳踏兩條船的心理打算；事業上老是想多方發展，不甘願專心於本行本業。

愛情方面，容易從左右逢源，遽然變成兩頭落空。事業方面，也有可能在一帆風順的時候，意外的馬失前蹄。

東南方凹陷，會影響家庭收入

凹陷的東南方對家庭的財富不利；不單本人的進財能力不佳，還常常受到朋友拖累，遭致錢財上的損失。

凹陷的東南方對長女的愛情與婚姻也屬不利。不過長女倘若不住在家裡，就不至於受到傷害。（住宅風水只能對住在裡面的人發生影響，不住在裡面，就無所謂。）

南方

凸出的南方，能提高家庭聲譽

住在南方凸出的房子裡，全家人的行動會變得比較敏捷，決斷力也會增強，容易在社交圈中受到重視。家中的第二個女兒，尤其會表現得特別聰明能幹，做事有魄力。

不過這個部位如果太凸出的話，家人會表現得專橫跋扈，以致在朋友間不受歡迎，影響自己的人際關係。

南方的凹凸，影響一家人的名譽與聲望。

凹進的南方，讓人沒有主見

這個部位凹進的話，家庭成員的決斷力會越來越差，待人缺乏熱忱。

因為沒有主見的緣故，在團體中容易成為人云亦云的應聲蟲，受人漠視，連帶影響到事業方面的成就。

西南方

西南方突出，牝雞司晨

住在西南凸出的房屋裡，會有女性掌握家庭大權的傾向。過份凸出的話，還會傷害到男主人：不是變得游手好閒，處處依賴妻子，就是因為懦弱無能而成為妻管嚴。

如果過分凸出，女主人會變得日益強勢，壓抑丈夫、控制子女，成為家庭中的女暴君。

對於單身婦女，這種風水會妨害姻緣：不但減少戀愛的機會，就算談了戀愛，也往往只是開花而已，難有結果的一天。

單身男性假如發現自己的住宅西南凸出，西北凹陷，要防傷害到自己的陽剛之氣，應該火速搬離才好。

對氣場來說，略微凸出比略微凹陷要好。

八個方位中，西南是惟一的一個不忌凹陷，卻不喜凸出的地方。

西南過份凹陷，影響抗壓力

雖然西南方略為凹陷在風水上有利無害；但是倘若過份凹陷，還是會發生問題。

首當其衝的是住宅中的女主人，健康情況欠佳，而且容易得憂鬱症。假如有母親一同居住的話，也一樣會受到波及。

‘坤卦’同時也象徵一個人的韌性。這個部位如果過於凹陷，家中無論男女，堅持忍耐的力量會越來越薄弱，遇到打擊就頹廢沮喪，失去重振旗鼓的勇氣。

西方

西方凸出，懂得生活享受

　　住在西方凸出的房子裡，容易保持愉快的心情。因為常處在愉快的情緒中，與人交往善於辭令，說出來的話特別討喜動聽。

　　西方凸出同時還有利於求財。不過假如過於凸出的話，會變成拜金主義，對錢財的追求陷入迷戀的地步；而且只進不出，成為人人討厭的守財奴。

凹陷的西方，會招致財務糾紛

　　住在西方有凹陷的房子裡，應該竭力避免與人發生金錢上的瓜葛。

　　借給別人的錢很難收得回來；如果向人告貸，到後來也有可能引起官非，鬧上法庭。

　　這個部位的凹陷還會破壞居住者的財運，削弱理財能力。覺得自己老是在股票市場上選錯股嗎？先檢查一下住家的西方，看看是不是有凹陷。

西方是日落的方位，所以凹凸的情況會影響到家中的老年人。

過份凹陷會使老人家心情鬱悶，失去生活樂趣。

過份凸出容易使老人精神亢奮，難以入眠，還會有膚乾血燥種種健康上的問題。

西北方

西北方凸出，增強在事業上的成功率

西北方的凸出能提高家庭成員，尤其是男主人奮戰不懈的力量，處事理性而冷靜，所以特別有助於在事業上獲致成功。

倘若過分凸出的話，很可能會造就出一個獨裁的丈夫、專制的父親，嚴重破壞家庭成員之間的親密與和諧。

凹陷的西北方，傷害男主人的健康

西北方凹陷的房屋，對男主人的健康很不利，發生意外機率要高過一般人。

這個方位同時被視作是'貴人'的方位。西北凹陷就難以獲得上級的賞識；雖然努力工作，卻常常錯失升遷的機會。同時還妨害自己的人際關係，除了難以結交到良師益友，更常常遇到小人，增加意外的麻煩與困擾。

對還沒有配偶的男女來說，西北方凹陷會造成婚嫁上的困難。

單身男性容易自暴自棄，對追求女性毫無信心；單身女性因為住宅的夫位不全，往往有抱獨身主義的傾向，對與男性談戀愛興趣缺缺。

北方

北方凸出，抗壓力特別強

凸出的北方能增強居住者的毅力和決心；面對困難的時候，有耐心、有韌性，能做到以柔克剛。以這樣的態度來工作，成功的機會自然也要比別人大很多。

不過倘若過於凸出，卻會讓人發展出深沉陰狠的性格，為達目的可以不擇手段，讓人不敢親近。

凹陷的北方不利健康

北方在古代有'病門'之稱。住在北方凹陷的房屋中，對全家人的健康不利。

這裡的健康不僅指生理而言，心理也一樣容易發生問題。人的抗壓力降低，獨立性也越來越差。這種情形在家中次子的身上表現得尤其顯著。

東北方

東北方是房屋裡的文昌位。

這個方位的氣場吉凶，會影響到家裡面在校的學生，或者從事研究工作、藝術工作的人。

東北方凸出，有利於在軍警醫法界工作的人

東北方在風水上有'外鬼門'之稱，顯示這個部位暗藏殺氣。

東北方凸出的房屋不適合一般人居住，但是醫護人員（或其他動刀動槍，見血見傷的行業）、執法人員（包括所有涉及訴訟的行業）住，卻能對自己的事業有幫助。

但是倘若過份凸出，無論對從事什麼行業的人都不好。在這樣的房子裡面住久了，家人之間會變得親情淡薄，血不一定比水濃。

凹陷的東北方多訟事

八個方位裡，東北方是比較麻煩的方位。凸出固然不算理想，卻更不能夠凹陷。凹陷的東北方讓人意志消沉、悲觀厭世，感覺不到生命的歡愉。風水上稱這個方位為鬼門，確實有它的道理存在。

住在東北凹陷的住宅裡，萬一涉及訴訟，多半是敗訴的一方。凡是上述從事醫護的人士或者執法人員，更要避免住在這種東北凹陷的房子裡，工作上波折不斷、難有成就。

本命方可凸不可陷

命卦上的‘伏位方’（讀者可以在第28頁的‘磁向數與命卦’中查自己的伏位方），就是自己的本命方。住家的房子在這個方位上最好不要有凹陷，否則多少會影響自信心，妨礙各方面的發展。尤其對需要陽剛之氣的男性，更加不宜。

如果本命方略有凸出，在風水上倒是可以加分，但是過分凸出會有反效果。對於需要陰柔之氣的女性，影響又要更嚴重些。

屋頂的高低與風水

除了外型的凹凸之外，屋頂的高低也關係到風水的吉凶。

從正面看過去，屋頂如果高低不等的話，

左右是指從房屋裡往外看的左手邊與右手邊。像上圖這棟房子，就要算左邊高右邊低，男主人在家中的決定權要比女主人大些。

最好是中間高、兩邊低、四平八穩，象徵家庭生活的和諧安定。

假如左右兩邊的高低相差極大，家庭中會有‘一言堂’的情況出現：左邊高，大權在丈夫手裡；右邊高，大權在妻子手裡。像這樣的家庭，一個人說了算數，另外一個人不免要感覺深受壓制，容易影響婚姻幸福。

從側面看去，屋頂最好能前面低後面高，家運才能越來越好。倘若房頂前高後低，相差懸殊，住進去一兩年以後，運氣就要明顯的走下坡路。

樓房不可上大下小

多層建築的住宅，要避免上大下小。上層比下層多出來的空間，因為屬於‘架空’的緣故，氣場虛懸；使用這塊地方的人，運氣上會有‘外表好看，內裡難堪’的狀況。

有些蓋在坡地上面的房屋，因為受地形限制，底層往往空空蕩蕩，只有一些用來支持房屋的柱子。這和上大下小的房屋一樣，也有氣場會被架空的問題。

好在這個問題倒不難補救。只要肯花點錢

把下層的空間用實牆圍起來，就能馬上轉變為藏風聚氣的好風水。

不要隨便擴建加蓋

買已經蓋好的房屋，要記得問清楚買主：房屋是一次蓋好的？還是曾經整修加蓋？

如果本來的房屋方正的話，加蓋的部份會改變房屋的形狀，不是使一邊過於凸出，就是使另一邊過於凹陷。而過度的凸出和凹陷在風水都算是缺點，有可能把房子原來的吉氣轉化為凶氣。

同時加蓋的部分多半都在後院。前面提到過房屋最好後高前低，但是很少有人會讓加蓋的部份高出原來的部份，結果就形成了風水上所謂的‘包袱屋’（加蓋的部分就像一個包袱一樣，趴在原有房屋的背上），給家人生活添加許多麻煩。

既然不能在後面加蓋，那麼往前面擴建又如何呢？

任何蓋在大門外面的部份，都會造成家庭的不安定，雖然未必會招來災禍，但是絕對算不上是好風水。倘若非要擴建不可的話，一定要同時把大門往外移。

總之，如果覺得房子住得非常順心，還是不要隨意加蓋擴建的好。

房屋建成後再加蓋的部份，往往無法與原來的格局融成一體，容易造成風水上的問題。所以陽宅大全上特別提出警告：宅不可接屋造屋！

即使加蓋的只是一個屋外的儲藏倉庫，只要與正屋的地基相連，或者距離極近，還是要算作正屋的一部份，會對正屋的風水發生影響。

第三篇 庭院與大門

院子裡的植物

商業重人氣，居家重地氣

居家風水和商業風水不同的地方很多，主要的差異之一是：兩者注重的‘氣’不一樣。

商業風水最重視‘人氣’；過往行人的流通量大，自然有機會進財。居家風水最重視的卻是‘地氣’；地氣足則家運興旺，有機會培養出好的人才來，所以自古有‘人傑地靈’的說法。要談住宅風水，不可以忽略地氣。

就像食物能供給動物營養一樣，地氣也能培養房屋的吉氣。一棟房子如果不能得到好的地氣，時間久了，也難免營養不良。

"黃帝宅經"上說：‘宅……以泉水為血脈，以土地為皮肉，以草木為毛髮……’。假如一個地方的地氣差，就像人的血脈滯塞，皮肉枯竭，必然長不出豐潤的毛髮來。所以觀察草木，就能看出地氣的好壞來。這是一個藉子觀母的方法，可以說簡單而有效。

前院的植物是家運溫度計

植物對自然界的吉凶有它的天然敏感性。

種在庭院裡的植物，高大的喬木也好，低矮的樹叢也好，甚至連小花小草，都可以用來做家運的溫度計看待。

就這一點來說，前院又比後院來得重要。大門是住宅進氣主要的管道，因此前院的植物對於家運的敏感度，要比後院的植物來得高。

大樹可以擋災制煞

雖然院子裡的花草樹木都是家運溫度計，但是比較起來，大樹還是特別有用。

第一，從大樹枝葉的向背，可以看出家運的高低。

門前的大樹，如果向宅的一邊枝葉茂盛，長得欣欣向榮的話，顯示家運興旺，而且很可能近期內就有喜事來臨。

倘若大樹的枝葉都往外長，靠近房屋的一邊明顯有枝少葉疏的現象，顯示這棟住宅裡面陽氣少，陰氣多，家運正走下坡。

第二，大樹能替主人擋災。

如果院子裡的樹無緣無故突然枯死，有可能就是抵禦外來煞氣的結果。這時候應該趕緊移走枯樹，另補新株，不要讓煞氣有直接進門的機會。

這種情形如果發生在前門，更加值得重視。

第三，樹的形狀與宅運相關。

前後院裡如果有長得奇形怪狀，或者讓人感覺陰森森毛骨悚然的大樹，宅運很可能會變差，應該要盡快連根拔除，改種一棵形狀美好的樹。

到底是宅運影響了樹的形狀？還是樹的形狀帶壞了宅運？是一個先有雞還是先有蛋的問題。不過就像有人整容以求改運一樣，把鼻子墊高了不一定就能讓事業飛黃騰達，但是人變漂亮了，自己看著也開心！

功臣也有可能變禍源

不要因為大樹有擋災的功能，就一個勁兒在前院種大樹。大門前的樹太大或太多，有可能使房屋進氣不順暢，造成家運的萎靡不振。

太高的樹還可能喧賓奪主，吸光地氣的精華。

枝葉橫張如傘，有遮天之勢的樹，如果離大門太近，有可能會對住宅形成壓煞，所以種樹最好能和房屋（尤其是大門），保持一段距離。

不要在大門的正前方種樹。正好堵在大門前面的樹，不但無法制煞護主，本身反而成為製造煞氣的罪魁禍首。

小花小草的枯榮

院子裡花草的枯榮，表現出地氣的旺衰，而地氣的旺衰，又影響到住宅的風水；三者之間有榮辱與共的關係。所以絕對不要認為花時間澆水施肥、修剪整理，是一種浪費。

古人說：'寸有所長，尺有所短'，這句話真是一點也不錯。小花小草雖然不能像大樹一樣替主人擋災制煞，但是假如房屋有下述缺失的話，必須藉花草的力量來補救，大樹反而派不上用場。

小兵能立大功

一棟房屋如果因為造型特殊，以致某一個方位的面積特別小，甚至根本從缺，會出現氣弱或沒有氣的現象（請參考168頁'確定氣場的強弱'），形成風水上的問題。

要補救這個缺失，可以從牆外的庭院中著手。在缺失的部位上種植花草樹木，能夠快速而且有效的增強這個方位的氣場。從這一點來看，樹木的生長力大、生命力強，當然是用來補氣的首選。

但是假如庭院在房屋的西南、東北、西、西北和北這幾個方位上種大樹，有可能造成過於強旺的木氣，剋土傷金洩水，以致造成更大的傷害。要是種些小花小草，既能旺氣，又不致發生五行上傾軋刑剋的問題，反倒比大樹要有用得多。

利用花的顏色補氣

以下針對需要補氣的房屋，提出合用的花型與顏色：

南邊、東邊或東南邊凹進的房子，可以在這一帶的院子裡種些紅花。

不同的是，南邊可以種牡丹、玫瑰、大理這一類花朵大而艷紅的花；東邊和東南卻最好以粉紅色的小花為主，再配上一些深藍淺紫的植物。

東北邊和西南邊凹陷的房子，可以在院子裡種向日葵、萱草這一類黃色的花，配上兩三株紅色的薔薇，鮮艷奪目，更加好看。種在東北院子

裡的花，高一點無妨；種在西南的植物，卻不宜長得太高。點綴就好，不宜太多。

如果房子是北邊凹陷的話，這裡的院子常常會有光線不足，或者風勢過強的問題，適合種低矮而生命力強的灌木。如果再能開白花，就更加理想了。

西邊和西北邊凹進的房子，種黃花、白花都很好。如果院子大，草地面積廣的話，可以種大片橘色的花，或者在白花黃花之間點綴一點紅花，也能招來好運。

花的顏色多樣，運用得當的話，不但庭院賞心悅目，更能活潑住宅周圍的氣場，使全家人的生活也跟著多彩多姿起來。是花費不多而效果良好的調整住宅風水的方法。

庭園的整體規劃

前一章'院子裡的植物'中，曾經一再強調地氣的重要。

當然，一個地方地氣的足與不足，不是一人一家之力可以改變。不過合於風水需求的庭園設計，多少能有助於培育地氣；尤其重要的是，可以藉此巧妙的運用自然之氣，來避災躲煞，同時提升家庭運勢。

庭園風水所以值得重視，原因在此。

雖然住宅的地氣好，但是住的人不懂得利用，就好像一個人擁有很多祖產，卻不懂得如何經營一樣，能得到的好處終究有限。

院子的方位至關重要

風水和方位關係極密切。庭園的設計，也必須因應方位而有所不同。

確定前後院方位的方法，和確定住宅的八方步驟一樣，需要先找出住宅的中心點；不過在畫圓的時候，要把前後院都包含進去。

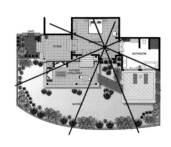

然後從中心點往外看，院子在中心點的那一邊，就表示院子在那個方位上

院子面積大的話，很可能所佔的方位不止一個。如果房子前後或旁邊都有院子，當然更不會在同一個方位上。需要根據方位的不同分別處理。

東方屬龍，喜水喜木

　　東方的院子倘若夠大，種幾株大樹，可以提升這個方位的氣場。

不過要避免會開白花的樹，否則親子間會有代溝，容易引發兩代之間的不愉快。

　　風水四靈說，以青龍為東方的代表（請參看第100頁的'選擇理想的住家地形）。在位於東方的院子裡開一條蜿蜒如龍的步道，通向大門或者院子的門，可以帶來吉氣。（如左圖）

　　龍喜歡戲水；假如想佈個水局，此處是很理想的地方。

　　從現在開始，一直到2023年，因為八白土當運的緣故，東方的水能給家庭帶來貴氣。

　　想要在政治界求發展，或者期待在公司中能晉陞成高級幹部的人，住宅東邊如果有院子的話，應該要把握時機，佈一個青龍戲水局。

東南方最好做花園

　　位於東南的前院，雖然和東方一樣同樣屬木氣，卻不適合種比房子高的樹。最好是種植灌木叢，或者開闢成花圃。

　　只要不擋住大門的進氣，在種類和數量兩方面都是多多益

善，以求達成滿眼花團錦簇
的效果。

千萬不要小看這些花花
草草的力量。只要在東南方
位種上四季輪開的花，就可
以從花的榮衰上清楚看到今
年的家運，甚至預測來年的
家運。

愛花惜草，不但能展現
自己的風雅蘊藉，還能替全
家人培養好運氣；一舉兩得，又何樂而不為呢？

南方以水為忌

位於南方的庭園，宜樹宜花，但是絕對不宜有水。

看到水就認為能進財，是一般人在風水上的迷思。這種錯誤，
正如同看到拿劍的人就認為是俠客一樣。要知道，一劍在手，
固然有可能救人，同樣有可能肇禍。'水'就是風水中的一
支'劍'，翻手招財，覆手惹禍，千萬不能隨意安置。

在位於南方的院子裡佈水局，
會有兩種結果：一種是財路上走得
十分坎坷，錢就像推磨的驢鼻子前
面掛的胡蘿蔔一樣，雖然看得到，
總也摸不著。一種是因財惹禍，錢
來得越多，禍闖得越大。

南方庭院裡最適合放的是燈，
尤其是利用太陽能蓄電的燈，可以

藉燈的光亮提升家運。還有些人喜歡在院子裡點燃火把，只要能注意到安全問題，倒也是不錯的選擇。

西南和東北的院子，宜做枯花園

位於西南方與東北方的前院，只能栽些小花小草，盡可能避免種大樹。花草還不宜長得太高，以能開紅花或者黃花為上選。

這兩個方位都適合放石頭：無論用奇石造景、用青石舖路，或者用鵝卵石分隔出花圃，都能藉提升院子裡的氣場，給住宅引進吉氣。

兩個方位的不同是：用於東北的石材可大可小；西南則宜小不宜大。像極具禪意的日本式枯花園（如上圖），地上舖滿了小石子，可以作為設計西南庭院的最佳參考。

西方和西北方的庭園，首重修剪

位於西方和西北方的前院，都不適合種大樹。栽種灌木叢，或者以小樹當籬笆，才是理想做法。但是一定要經常修剪，保持整齊。

假如隨它枝葉散亂的話，不但在職場上會遇到很多麻煩，長期下來，還容易引起官非，有鬧上法庭的可能。

在西方佈水局有益於修心養性，但是會妨礙事業的發展。除非已經退休，或者根本無意於名利，否則最好避免在這裡安置水的佈局。

不過在西北佈水局卻相當不錯；2023年以前因為八白土星當運的緣故，西北方有水能旺人才，也能旺錢財。

北方宜栽高大的松柏

北方屬水，在位於北方的院子裡佈水局，本來應該是理所當然的事。不過忌禁很多（請看右邊的說明），不容易照顧周到。不小心犯了忌，會嚴重傷害到家庭的財運，所以北方庭院中的水池，在風水上有‘貧池’之稱。假如沒有十足的把握，還是不要輕易嘗試的好。

這裡倒是可以種大樹。高大壯碩、四季長青的松柏，應該是最佳選擇。

北方院子裡的水池需要注意下列事項：

· 水要不停的流動，絕對不能堵塞。

· 天寒地凍的時候還是要保持水的流動，不能讓它凍結成冰。

· 不能讓池空無水。

· 水裡不能有死的魚、鳥，或其他動物。

· 要保持水的潔淨，不能讓它發出臭味。

庭園的維護

　　下列事項，無論庭園在那個方位，都必需要遵守：

　　第一，必需要細心維護庭院中的花草樹木。

　　正確營造庭園風水，把花草樹木照顧得欣欣向榮，能幫助提升住宅的氣場，給家人帶來好運。在庭園上花的心血，會有物超所值的回報。

　　假如任憑前院荒蕪、雜草叢生的話，家運很快會走下坡。

　　第二，不要放太多盆栽植物。

　　花草樹木種在地裡，有助於水土保持，同時也有助於培育地氣。栽種在盆子裡的植物，雖然對風水也具有某種程度的影響力，但是和地氣全然不發生關連，投資報酬率要小很多。

　　庭園中如果盆栽多，落地生根的植物少，就長遠的觀點來看，害多利少，得不償失。

　　第三，不要栽種陰氣太重的植物。

　　譬如柳樹和蘆葦，都是非常富有詩意的植物，但是因為有‘招陰’的可能，在風水上評鑑不佳。尤其如果種在水的旁邊，陰氣更重。

這兩種植物和芭蕉，因為怕會阻礙陽氣進門，所以都不可以種在前院。

還有爬籐蔓生類的植物，不但本身陰氣極重，還能吸走攀附物的陽氣，營造出頹廢不振的氣氛，使家運低迷，家中成員缺乏上進心。

如果發現院子裡有蔓藤爬在樹上、牆上、籬笆上，最好能徹底清除。

第四，避免在前院種多刺的植物。

仙人掌、玫瑰、荊棘等多刺植物，本身具有煞氣。把這類植物放在受到形煞威脅的方位，能夠破解外來煞氣，是以毒攻毒的方法。

如果發現後院或著陽台對著外來的煞氣，倒是不妨以此化煞。但是前院因為靠近大門，如果栽植這一類本身帶煞的植物，會‘帶壞’將要從大門進入家中的外氣，是非常不智的做法。

即使在大門外面發現形煞，也只能用別的方法化解，千萬不要擺放多刺的植物。自個兒把風水殺手請到家門口來，實在是不智之舉。

第五，草枯樹死，要馬上移走補種。

植物無緣無故的突然枯死，有可能是受煞氣之沖，替主人代受刑剋。像這種情形，不但要立即清除，更應該及早補種，以防外來的煞氣未盡，直接對住在房子裡面的人造成傷害。

壞死的植物會帶來死亡敗壞之氣，而且破壞地運，所以越早移除越好。

在庭園中佈水局

　　有很多人都對‘水’有迷思，誤認只要是水，就能生財，所以千方百計想要在庭園中佈個水局，希望能因此收到財源‘達三江、通四海’的效果。

　　事實上，並不是所有的水都能生財，也有些水是‘禍水’，不但不能幫您發財，還會興風作浪，帶來意外的災禍，使屋主大破其財。

　　想在院子裡佈有利的水局，下列幾件事一定要注意：

第一，不是所有的院子都適合有水。

　　譬如說，如果在向南或向北的院子中佈水局，很可能還沒有招來財富，就先惹上災禍。

請參考‘庭園的整體規劃’中的建議，決定是不是該在自己的院子裡佈水局。

　　還有，無論方位如何，倘若門前屋後都有水，也會對家運不利。所以後院已經有游泳池的人，就不該再在前院打主意。

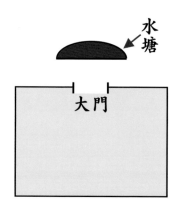

第二，前院的水要能環抱大門。

　　只有環抱大門的水，才能為住宅招來財富。

　　古人喜歡在門前挖一個半月形或月牙形的池塘，讓圓弧的一方朝外（如左圖），就是因為能對大門形成環抱之勢的緣故。

如果弄錯了，讓半月形水池圓弧的一邊朝向大門的話，錢財不進反出，真是非常糟糕。

倘若不能半月形，也要帶有弧度才好。門前的噴水池、水塘，都不宜過份方正。方正的角帶有煞氣，絕對不應該放置在大門口。

上圖的水池，外型弧度優美，中心向上噴水，基本上來說，合於風水的要求。

第三，水勢宜上不宜下。

住宅旁邊不宜有靜止不動的死水。假如是人工水池，沒有外來的活水流進流出，就需要利用馬達使水流動。

人工造景的水池，一般來說有兩種選擇：或者是佈置成瀑布一樣，讓水從上向下流；或者是設計成噴泉，讓水從下往上噴。

比較起來，噴泉型的水勢有提升氣場的功能，比瀑布型的水流一路向下要好得多。

第四，不要讓水裡有死物。

如果在水裡飼魚養花，必需要勤於照顧。

假如發現魚死花凋，需要即時清理補充；最好還能裝上過濾器，以確保水質的潔淨。請記住：含有腐物或臭氣的水，對人有害無益。

這樣的情況如果在位於北邊院子的水池中發生，破壞力特別大，能讓家運急速衰敗，財務困窘，千萬大意不得。

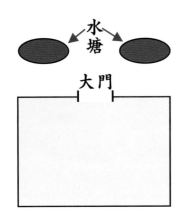

第五，不要做兩個並排的水池。

千萬不要為了對稱的緣故，在大門的兩邊各做一個水池（如左圖）。

在形象上來說，兩個池就像兩隻含淚的眼睛。大門對著一雙汪汪淚眼，意象非常不吉。

第六，要防桃花水。

每個人都有一個'愛情熱點'。

假如院子裡的水，正好在某人的愛情熱點上，就是俗稱的'桃花水'。

桃花水會使人多情，身心兩方面都對異性有強烈需要，也會散發特殊的吸引力。

對單身族來說，除了導致事業或學業上不能專心之外，倒不見得有其他的壞影響；但是如果發生在已婚的人身上，會發生拈花惹草、招蜂引蝶的效應，對婚姻和家庭都屬不利。

佈水局之前，應該先看看家裡人的愛情熱點在那裡，以免犯到桃花水；事後再來亡羊補牢，恐怕悔之晚矣。

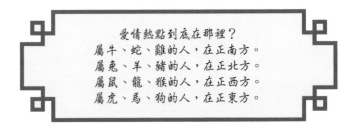

愛情熱點到底在那裡？
屬牛、蛇、雞的人，在正南方。
屬兔、羊、豬的人，在正北方。
屬鼠、龍、猴的人，在正西方。
屬虎、馬、狗的人，在正東方。

圍牆與籬笆

前後院應不應該有圍牆？就風水的觀點來看，有絕對比沒有要好。

圍牆的必要性

古人論住宅風水，講究‘後方有靠、左右有砂、前有案山’，以求藏風聚氣。以現代的居住環境來說，能自然擁有這種條件的地方實在太少。

幸好圍牆多少能彌補這個缺失。後院的圍牆可以當做靠山，兩邊的圍牆可以收左右有砂的效果，前面的圍牆自然就是案山了。

假如住宅四周的地勢已經能合於‘有靠有攔’的要求，圍牆可以有錦上添花的作用；倘若四周多空曠，圍牆的存在就更加必要。

前院的圍牆能擋煞

房屋外面的煞氣多半衝著大門而來，如果前院有圍牆，煞氣必需在這裡略作停頓，銳氣受挫，凶性會被減去大半。

有圍牆就必然會有一個'院門'。讓院門和大門錯開，兩者不在同一條直線上，煞氣不但無法長驅直入，惹事生非，還很可能在經過迂迴轉折之後，變成能夠興旺家運的吉氣呢！

圍牆的高度

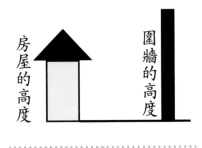

不過院子的圍牆不能過高；太高的圍牆在擋風防煞上固然效果特別好，卻會阻礙氣的流通。前院的圍牆假如比大門高的話，更會妨礙進氣，讓住宅氣場陷入欲振乏力的困境。木柵式的圍牆還好，密閉式的磚牆、水泥牆等等，引發的問題更加嚴重。

如果圍牆貼近房屋，同時高於房屋(如上圖)，使氣不流通，還不如沒有的好。

倘若住宅的四面都是圍牆，對於高度更需要慎重考慮。這種作法會把住宅的氣場從自然氣場中隔離開來，結果如同一灘死水一樣，毫無生機。像這樣的圍牆，到還不如沒有的好。

什麼是適合的高度呢？和院子的大小很有關係。院子越小，圍牆必然會離大門越近，就越不能高。不過就算離大門有相當的距離，最好也不要超過大門的高度，以免進氣不暢，造成反效果。

院子的形狀

前院既然是在風水上可以當做明堂來用，自然以方正為佳。為了符合這個要求，圍牆最好能和屋面平行。否則的話，院子的形狀不平整，所蓄的氣就不能平衡，難以成為吉氣。

不過假如院子非常大，像庭園深深的巨門豪宅，或者住宅座落於大型的牧場果園，從院子的入口到房子的大門有很長一段距離的話，就不必拘泥於這個標準。

竹籬、木柵的價值

比起磚石所堆砌的圍牆來，用竹籬笆或者木柵欄隔出來的圍牆，藏風聚氣的效果當然要差一點；但是寸有所長，尺有所短，這一類的籬笆還是有它存在的價值。

大都市裡地狹人稠，即使有院子，也常常只有巴掌大。當院子很小的時候，密實的圍牆會限制了氣的流通，反而不如容易通氣的竹籬笆或者木柵欄來得好。

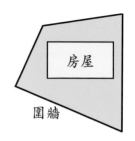

圍牆應該與房屋大致平行。像上圖這個圍牆，因為與房屋不平行，圍出來的院子（綠色部分）非常不平整，風水欠佳。

替自己選吉利的門向

磁向數決定門向的吉凶

居家風水中最重要的部位在大門。選購住宅，第一件該確定的事就是：大門的朝向與一家之主的命卦是不是配合。

想要找出適合自己的大門朝向，需要遵循三個步驟：

第一步，算出自己的磁向數。第二步，找出所屬磁向數的四吉方和四凶方。第三步，配合本身條件與需求，在四吉方裡，找出最能納進吉氣的門向來。

第一步和第二步，在‘磁向數與命卦’中有詳細的說明。這裡要談的是第三步：如何找出對自己最有利的門向。

各個磁向數最有利的門向

下面我們就要探討各種不同磁向數的人，最好的門向選擇。要請大家特別注意，大門的門向和房屋的坐向不一定相同，甚至和大門的位置也未必一致（舉例來說：大門的位置很可能在房屋的西北角，但是方向卻對著西方）。

我們在這裡談的只是大門所對的方向，供各位讀者做購屋時的參考。

磁向數是 1

磁向數是1的人，風水上屬於東四命之中的‘坎命’。

凡是坎命，大門最好是朝南，或者朝北。

大門朝南的房子，對坎命的人來說是朝向延年方，能在安定中求進步，穩打穩紮，各方面都能有一帆風順的發展。

大門朝北的房子，對坎命的人來說是面對伏位方，主家庭和諧、婚姻美滿。雖然外表看起來沒有耀人眼目的飛黃騰達，卻能得實利。

大門朝東南也不錯。這是朝向生氣方，雖然生活多起伏動盪，但是能在事業方面有快速的進展。

朝東是朝向天醫方，對健康有利。

大門朝西北，是朝向六煞方。剛搬進去的時候會有相當不錯的感覺，精力充沛，雄心勃勃，對將來非常樂觀。但是住的時間長了，各方面都會走下坡。住在這個房子裡的時間最好不要超過一年半兩年，一感覺情況不妙，趕緊搬家。

其他的方向都不能算好。最差的是西南方或東北方。大門如果朝向這兩個方向，一定要多加照顧自己與家人的健康；平日謹言慎行，以防招災惹禍。

伏位雖然是吉方，不過最怕被煞氣破壞。

位於伏位方的大門，倘若外面正對重大形煞（請參考第76頁‘房屋外面的煞氣’）的話，很可能沒有得福之前先招來災禍，不可輕忽。

磁向數是 2

磁向數是2的人，風水上屬於西四命之中的‘坤命’。

凡是坤命，大門最好是朝東北方，或者朝西南方。不過東北方和西南方在風水上有內外鬼門之稱，不宜正對，最好或左或右的偏個十五度。

朝東北方的大門，對於坤命的人來說是朝向生氣方，事業方面有機會充份發展自己的潛能，同時財運也能比較順暢，可以說是相當不錯的選擇。

大門朝西南，對坤命的人來說是朝伏位，心態樂觀進取，能在安定中求進步。

請不要忘記伏位最怕煞。伏位大門外如果有形煞，會把好風水轉變為惡風水，千萬不可輕忽。

大門朝向西方，或者朝向西北方，都有助於重振家運，能從逆境中奮鬥向上，也屬於有利的方向。

反過來如果朝東或者朝東南的話，家運會慢慢走下坡。南向與北向的大門，對坤命也屬不吉，避之為上。

磁向數是 3

磁向數是3的人，風水上屬於東四命之中的‘震命’。

西南方與東北方是風水上的內、外鬼門，聽起來有點嚇人。不過大門只要能錯開15度，就沒有關係，不會招災惹禍。

凡是震命，大門朝南和朝北都相當不錯。

朝向南方的大門最適合青年人住，心理上樂觀進取，生理上精力充沛，有能力開創美好前程。

朝向北方的大門比較適合中老年人，有助於保持身心康健，而且能享受在安定中求進步的生活。

因為是東四命，所以朝東或東南也不錯，雖然工作會比較辛苦，不過只要肯努力就能有收穫，應該能感覺滿意。

東方是伏位；伏位怕煞，要注意大門外千萬不能有形煞，否則容易發生意外。

一般來說，大門開在西方對東四命的人不利，對震命的人影響尤其嚴重，應該盡可能避免。

西北本來是男主人的方位。不過這個方位在某些年份會特別傷害到震命的男主人，不應該選作大門的方位。

對震命人，東北方和西南方都不是有利的朝向。雖然不見得會有大災禍，但是小麻煩不斷，也令人煩惱。

磁向數是 4

磁向數是4的人，風水上屬於東四命之中的「巽命」。

凡是巽命，在門向上的喜忌，和磁向數是 3 的震命非常相似，都喜歡南向和北向。

雖然都喜歡南
北向，巽命人
和震命人之間
還是有一點小
差異：

比較起來，年
輕的巽命人最
適合把大門開
向北方，年齡
比較大的巽命
人卻更適合住
大門開向南方
的房子。

東南方是巽命的伏位方，大門朝這個方向
開，要特別注意大門外有沒有形煞，免得好運
還沒有來，災禍倒先進了門。

大門朝東北或西南的房子，對巽命人最為
不利。這兩個方位不但是巽命的絕命方和五鬼
方，同時也是風水上所謂的外鬼門和內鬼門。

巽命人如果住在大門朝這兩個方向開的房
子裡，常會有諸事不順的感覺，情緒低落，心
情難得開朗。

磁向數是 6

磁向數是6的人，風水上屬於西四命之中
的‘乾命’。

對乾命人來說，東北方是天醫方，西南方
是延年方。無論大門朝這兩個方向的那一個，
都有助於保持身體健康、心情愉快。有這樣的
身心狀況做基礎，做起事來自然得心應手，感
覺無往而不利了。

乾命是西四命，本來應該喜歡西方。不過
只是對女性如此，對男性卻未必盡然。

屬乾命的男性住在大門朝西開的房子裡，
雖然有旺盛的企圖心，卻常常在奮鬥的路上遭
遇挫折和打擊；需要有超過常人的意志力，否
則難以堅持到底。

雖然說東北與
西南是乾命人
最好的朝向，
不過為了躲過
內、外鬼門，
大門要往外偏
至少15度，絕
不要絲毫無差
的正對這兩個
方位。

西北方是乾命的伏位，要注意有沒有外在
的形煞。而且西北純陽，單身女性應該避免住
大門朝向這個方位的房屋，以免耽誤嫁期。

磁向數是 7

磁向數是7的人，風水上屬於西四命之中的‘兌命’。

兌命人住宅大門最好的選擇是西南方。這是天醫方，理所當然對身心健康大有幫助。同時能旺財，在職場上還多遇貴人扶持。

不過要注意避免正對西南，要或偏左或偏右的偏個15度以上，免得正對內鬼門。

西北和東北也相當不錯：一個是生氣方，一個是延年方，都屬於吉祥的方位。不過對於單身者不見得完全有利，因為有可能使佳期延後。尤其是西北方，主人會因為專心於事業，導致晚婚，甚至不婚。

最差的開門方向是正東與正北。

正東是兌命人的絕命方，大門開到這個方位，當然不可能納到什麼吉慶之氣。

至於正北方，雖然是四凶方中危害度最輕微的方向，但是會干擾兌命屋主一家人之間的感情。家和才能萬事興，倘若家人不能和諧相處，怎麼能算是好風水？

西方雖然是兌命人的伏位，屬於四吉方之一，卻不見得適合用來作大門的朝向。

第一，這裡是伏位，需要特別留意外界的形煞。

第二，朝這個方位開大門，很可能表面風光，內裡卻煩心之事甚多，生活未必舒坦安適。

磁向數是 8

磁向數是8的人，風水上屬於西四命之中的‘艮命’。

艮命人對門向的選擇比其他磁向人要麻煩一點，不能看到是四吉方就認為沒有問題。

最理想的選擇應該是大門朝西。西方是延年方，大門從西納氣，對婚姻、事業、財運、健康都有幫助。

其次應該是西北天醫方。這個方位所以不如西方的原因，在於對婚姻的幫助不大；夫妻感情好的時候'相敬如賓'，差的時候'相敬如冰'，感情上有距離，不容易水乳交融。

那麼，排名第一吉方的西南生氣方呢？艮命人住在大門朝西南的房子裡，雖然能夠衝勁十足，卻常常受到各方面的考驗，需要自信心強，能夠越挫越勇，才能堅持到底，得到雲開月明的好結果。

至於吉位上排名第四名的東北方，對艮命來說是伏位，照例要注意有沒有外在的形煞來破壞。男性艮命人如果健康情形不佳，採用西北方就要比東北方好得多。

不過話又說回來了，雖然生氣方與伏位方都不是做為大門朝向的理想方位，但是比起四凶方來說，還是要好得多了！

磁向數是 9

磁向數是9的人，風水上屬於東四命之中的'離'命。

離命人如果在事業上具有野心，可以住大門朝東開的房屋，衝勁大，成功的機會高；不過本身也要付出相當的努力才行。

西南方既是代表女主人的方位，又是艮命的生氣方；艮命女性用這個方位做為大門的朝向，在事業方面有獨當一面的機會。不過已婚婦女如果丈夫的命卦不配合，恐怕要有一段獨自承擔家計的日子。

獨立性與事業心不夠強的女性，最好還是避免住在大門朝向西南的房子裡。

如果想有平穩安定的生活，大門朝北或朝南是比較好的選擇。南方因為是伏位的緣故，要注意大門外是不是有形煞。

　　東南方是天醫方，看起來好像是不錯的方向，但是只有女性好用。對男性來說，雖然有利於身體本身的健康，卻要防意外受傷。

對於離命人來說，六煞方雖然在四凶方裡面排名只是第三，但是極不適合拿來做大門的朝向。

尤其女性帶頭的家庭，六煞的凶性比絕命還大，大門千萬不要朝向這個方向。

　　風水上有「千金大門四兩屋」之說。這句話的意思是說：大門決定了房屋基本上的吉凶，在風水上來說，價值黃金千兩；相形之下，房屋的內在部局只值四兩。因此門向的吉凶至關重要，千萬輕忽不得。

太歲可坐不可向

選擇住宅大門的朝向時，除了根據自己的命卦的吉方之外，風水上還有一個‘太歲可坐不可向’的說法，也和住宅的大門有關，值得大家注意。

什麼是太歲

先介紹什麼是太歲。

古人以干支紀年，當年度的干支，就是太歲。譬如2009是己丑年，己丑就是2009年的太歲；2010是庚寅年，庚寅就是2010年的太歲。

天干有十個，地支有十二個。兩兩排列組合起來，可以配成六十個不同的干支，所以輪掌太歲的神，共有六十位之多。

不過一般論太歲的時候，通常都只取地支而不論天干。像丁亥年，算‘太歲在亥’；戊子年，算‘太歲在子’。對於天干丁、戊，並不十分在意。

每個地支都有一個生肖做為代表，這就是民間所謂的鼠年、牛年、虎年等等。鼠年生的人屬鼠，牛年生的人屬牛，稱作每個人的本命太歲（輪本命太歲本來應該干支同論，但是一般人也只取地支，忽略天干）。

十個天干，分別是甲、乙、丙、丁、戊、己、庚、辛、壬、癸。

十二個地支，分別是子、丑、寅、卯、辰、巳、午、未、申、酉、戌、亥。

六十干支，從甲子、乙丑、丙寅、丁卯、戊辰……到己未、庚申、辛酉、壬戌、癸亥。

太歲代表時間，也代表方位

其實地支不但代表時間，還代表方位。風水羅盤上把方位分成二十四等份，稱做二十四山，其中有十二個方位就以地支來表示。

‘太歲可坐不可向’裡說的太歲，同時兼具時間與方位兩重身分。這句話是說：住宅如果‘坐在’本命太歲所代表的方位上，可以算合於風水的要求；但是如果‘朝向’本命太歲所代表的方向，就犯了風水上的大忌。

太歲其實是吉神

為什麼‘坐太歲’和‘向太歲’之間會有這麼大的差異呢？“淮南子”這本書上有很好的說明：‘歲星之所居，五穀豐昌；其對為沖，歲乃有殃’。意思是說：太歲是吉神，能保佑所在地的人民五穀豐收、生活安樂；而與太歲方位相對的神，卻是一位惡煞，能沖破太歲帶來的好運。

因此，一棟住宅如果‘坐’在太歲所代表的方位上，是與吉神同居，當然能夠得到祂的護佑。這就是為什麼‘太歲可坐’。

但是如果‘坐’到太歲所向（面對）的方位上，就變成與凶神‘歲破’同居；等於把這位凶神養在家裡，多麼可怕！也就難怪會有太歲‘不可向’的說法了。

最怕住宅被‘歲破’所盤踞

　　每年都有一位太歲當值。凡是大門面向當年度太歲方位的房子，住宅所‘坐’的方位都會被歲破所盤踞；住在這棟房子裡的人，應該提高警覺，以防當年有意外的災厄。

　　特別是遇到和自己生肖相同的年分（譬如說：屬鼠的人碰到鼠年，屬牛的人碰到牛年），凶神不但登堂入室，而且同時沖害到主人的太歲。這就是風水書上所說的‘宅犯太歲，動輒招凶’，禍害可能會相當嚴重。

　　為了免除這種每十二年就會碰到的‘向太歲’的煩惱，最好在選購房屋的時候，就遠遠避開那些與自己或家人生肖方位相同的房子。

羅盤上面有24個方位。每個方位佔15度，一共是360度。

地支在這24個方位中，只佔有12個。因此每兩個地支間，會有15度的間隔。（請參看右邊的十二生肖方位圖。）

這些空白間隔所代表的方位，與地支沒有關係。避太歲與歲破的時候，不需要把它們考慮在內。

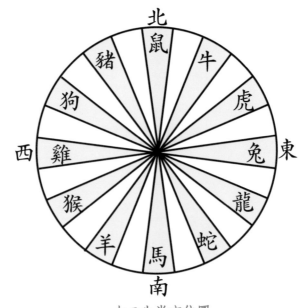

十二生肖方位圖

十二生肖所代表的方位

雖然多數人都知道自己的生肖屬相，卻不見得知道自己的生肖屬於那個地支，更不要談所代表的方向了。

以下分別列出每個生肖的地支，以及所代表的方位度數，以供讀者參考：

生肖	地支	方位	指南針度數
鼠	子	正北	352度半 － 7度半
牛	丑		22度半 － 37度半
虎	寅		52度半 － 67度半
兔	卯	正東	82度半 － 97度半
龍	辰		112度半 － 127度半
蛇	巳		142度半 － 157度半
馬	午	正南	172度半 － 187度半
羊	未		202度半 － 217度半
猴	申		232度半 － 247度半
雞	酉	正西	262度半 － 277度半
狗	戌		292度半 － 307度半
豬	亥		322度半 － 337度半

避免歲破入宅的煩惱

了解地支所代表的方位之後，需要注意下列三件事：

§ 買新房子，要避免大門朝向家人生肖所代表的方位。

舉例來說，家裡如果有人屬鼠，就盡可能

不要買大門的朝向在352度半－7度半之間的房子；家裡如果有人屬雞，就盡可能不要買大門的朝向在262度半－277度半之間的房子。

§ 測量目前住家的大門，看看是不是位於任何地支所代表的方位。

譬如說：如果大門的朝向在352度半－7度半之間，正好是'鼠'的方位，遇到鼠年的時候，行事就要特別謹慎小心。

這一年歲破入宅，提醒家人謹言慎行，不做投機或冒險的事，以減少發生災禍的機會。

§ 萬一'門、人、歲'三個地支重合，在犯太歲之前考慮換房子。

譬如說：大門的朝向在352度半－7度半之間，是'鼠'的方位，同時家中有人屬鼠，一旦遇到鼠年，使得門、人、歲的三個地支都是'子'。這一年太歲在門，凶神歲破登堂入室，盤踞房子的坐山，對家裡那位屬鼠的人非常不利。

如果有這種情形，在鼠年來臨之前，需要考慮是不是該換間房子住。宅犯太歲（其實與太歲本身無關），往往會生不測之禍，能躲還是躲掉的好。

宅以門路爲吉凶

　　鑑定住宅風水，大門是非常重要的一個環節。做為一棟房子的進氣口，大門一定要能得吉氣，這棟房子才有可能是吉宅。

　　"八宅明鏡"上說：‘宅無吉凶，以門路為吉凶。’更是明白指出：房屋的吉凶決定於大門的吉凶。

吉利大門的三要件

　　大門風水好，需要具備三個條件：

　　第一，方向要對，要能配合屋主命卦上進氣的需要。

　　房屋有房屋本身的風水，每個人也有自己所需要的風水。住宅的大門能夠配合主人的命卦，朝向主人命卦中的吉方，就能滿足主人對吉氣的需求。這種‘方向正確’的大門，是吉利大門所必須具備的第一個條件。

　　什麼是命卦？如何找出適合自己命卦的門向？請各位參看第28頁的‘磁向數與命卦’。

　　第二，要能避免對著形煞。

　　大門逢煞，就像埋了定時炸彈一樣；平常日子或許不覺得，一旦主人自己的流年大運走得不對，或者流年風水上有不吉利的飛星飛到大門口（請參看下冊的‘流年風水’），就難免要對屋主產生刑剋。

房屋外面的形煞可以説多種多樣（請參看第77頁）。這些煞氣之所以會演變成煞氣，絕大多數是因為和大門的互動不良，發生沖剋。

風水上的煞氣，無論屋外屋內，多半與大門相關。倘若大門能夠避開形煞，就解決了一大半風水上有關煞氣的問題。

第三，開闊的明堂，有情的來路。

不過，大門的開向對屋主有利，並且門外又沒有正沖的煞氣，這兩個條件只能説是構成吉利大門的基本因素。第三點才是真正能讓大門發生招吉納祥作用的主要因素：要有寬闊平整的明堂，以及迂迴有情的來路。

明堂要平整開闊

明堂本來是諸侯朝見天子的地方。陽宅風水借用這個名詞，來稱呼門外蓄氣用的空地。

明堂有內外之分；我們這裡談的是門外的明堂，所以是外明堂。

好的外明堂必須具備兩個條件：第一要夠開闊寬敞，以容納四方之吉氣；第二要平整潔淨，才不致把生旺的吉氣變成衰煞的凶氣。

明堂太小，不容易成大氣候。住家大門要是太靠近馬路的話，明堂一定不夠開闊，會有

事實上，許多造成煞氣的因素，如果與住宅的大門不發生關連，不一會有煞氣。

譬如説，一棵大樹本身並沒有煞氣，但是如果蓋了一棟房屋，大門剛好對著這棵大樹，結果就出現了尖煞。

納氣不足的問題；住在這樣的房子裡，往往需要付出比別人更多的努力，才能有收穫。

還有人在明堂的位置上種樹。離大門太近的樹，不但容易形成煞氣，也勢必會縮小明堂納氣的容量，實在是不智之舉。

除了開闊之外，明堂還需要保持得平整潔淨。地面的水泥如果破損了，應該盡速修補；有垃圾或污垢，要常常清除；更不可以用來堆放雜物。

現代人多半以車代步，明堂上很容易會留有汽車漏下來的油漬水斑，也該隨時清洗乾淨才好。

明淨整齊的明堂，能有效聚集氣場上的正能量，幫助住宅主人行運順暢。就算面積比較小，蓄氣比較少，一樣有機會享受愉悅歡欣的人生。

來路需迂迴有情

明堂的地位所以那麼重要，在於能為大門聚氣。明堂的氣又從那裡來呢？有一大部分是來自‘來路’，也就是進入明堂的那條路。

現代人看風水，路就是水，所以來路就如同來水。

風水上最不受歡迎的水有三種：直射水、

反弓水,水成
弧形橫流過房
舍,而屋子在
弧形凸出的一
方;從屋子往
外看,水流背
道而去,一無
留戀。

反弓水、急流水。來路既然和水的作用一樣,當然也不可以直沖,同時忌諱反弓,更不能有大批車輛向自己急衝而來的情況發生。這三種情況,都會給住宅帶來煞氣。

什麼樣的來路最好呢?因為忌直沖,所以最喜歡迂迴曲折;因為忌反背,所以要能作環抱之勢,才會顯得眷顧有情。很多住宅旁邊附有車庫,從車道上另有一條彎曲的小路通往家門,就多能合於這個迂迴環抱的條件。

來路並不單指門前的小路而已。在地圖上找出最靠近自己住家的大路。從離開這條大路之後,一直走到自己的家門口,經過的路都可以算作是來路,都最好能合乎'迂迴'和'環抱'這兩個條件。

什麼是大路?或者本身夠寬大,譬如說是四線大道;或者交通流量大,車輛來往非常頻繁。只要合於其中的一個條件,就算合格。

不吉大門的化解法

隔路相對的大門

就意象來說，大門像是房屋的嘴巴。兩棟住宅的大門如果隔著馬路正面相對，看起來如同兩戶人家開罵相爭，暗示了無法和睦相處的可能，所以被認為是風水上的缺點。

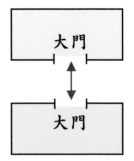

事實上口角倒未必一定會發生，但是會有兩家‘爭氣’的情況出現。什麼是‘爭氣’？前面提到過，大門是住宅的納氣口。兩個納氣口剛好相對，就發生了‘同時爭吸一口氣’的情況。

這就好像兩個人同時爭喝一個杯子裡的水一樣，有人喝多了，自然就會有人要少喝。

誰能喝得多，誰會喝得少呢？兩家相爭，氣強的一方贏，氣弱的一方輸。

如何決定氣的強弱？一方面固然要看兩邊主人運氣的強弱，一方面也得看兩棟房屋人氣的旺衰。屋大而人少的，人氣就不如屋小而人多的來得強旺。（所以風水上有‘人少不要住大屋’的說法。）

房屋所在地的地勢也有關係。兩邊門對門的房屋，如果地勢高低不同，地勢比較低的房屋，在氣勢上比不過地勢高的那棟房屋。

在兩家搶氣的情況下，運氣差、人氣弱、地勢低的那一方，就很難納到足夠的吉氣。正面相對的兩扇大門，好比是風水上的擂台，非要拼出一個輸贏來不可。這就難怪古人會認為兩家人無法和睦相處了。

化解法：

像這樣的大門有沒有解法呢？有人主張不妨在自家門裡面做玄關，或者掛門簾。不過這些措施只能防止本宅的氣外洩，對於想要能和平獲得外氣，卻沒有什麼幫助。

也有人主張在自家的大門上掛個鏡子來做為'擋箭牌'，或者在大門兩旁安置獅子、麒麟之類的吉獸來助威。不過這些動作只能有助於化煞或鎮煞，對於必見輸贏的爭鬥，並沒有什麼實際的用途。

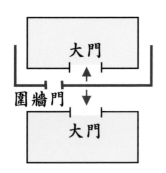

其實解決這種問題，倒也不是毫無辦法。一是釜底抽薪，重開大門，徹底避開兩門相對的形勢。另外就是在前院築一道圍牆，選在不同的位置上安裝圍牆的大門（如左圖），可以徹底消弭因為兩門直接相對而產生的危機。

假如住的是公寓，沒有辦法更改大門，就只能從加強人氣上著手了。如果兩家人口相差不多，那麼多多邀請朋友到家裡來玩，甚至多養幾個寵物，也能解決問題（請參考本書下冊的'寵物風水'）。

面對樓梯和電梯的內大門

前面談到的大門，是指與外界接觸的門，也就是能接觸外氣的門。

就獨棟建築來說，大門只有一個，並沒有什麼內外之分。但是對大樓裡面的公寓來說，只有大樓的大門才能接觸到外氣，是外大門。。自家的門在大樓之內，需要走一段路，通過大樓的大門才能接觸外氣。這種自家的大門，就是這裡所謂的內大門。

內大門很有可能面對著是大廈中的電梯（如右圖）；在某些情況下，也有可能會面對樓梯。

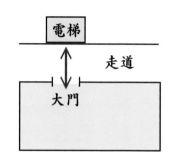

面對電梯不是好風水。因為電梯的面積小，進出的人卻很多，形成一個具有強大吸力的氣場，每一次開合都吸走一些氣。

大門面對電梯，就如同大門面對著另一戶旺氣人家的大門一樣，會發生出氣多進氣少的情況，以致宅內有氣場無力的危險。

面對樓梯也會有問題。

面對向下的樓梯，家中財氣在開門之後有向下流失的可能，因此被看做是無法聚財的風水，家運容易衰敗。

面對向上的樓梯，樓上的氣會順樓梯而下，急速的衝進自家住宅，成為煞氣，住在裡面的人容易發生意外。

化解法：

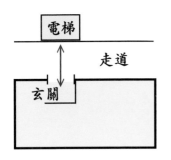

遇到門對電梯，玄關或者屏風就能發生作用了。由於電梯不會一直停在同一層樓上，所能發生的破壞力比兩門相對終究要來得少些。對付這種問題，除了隔出玄關或者安放屏風來防止家氣外洩之外，大門也要常關才好。

對於門對樓梯的問題，玄關、屏風也一樣有用。面對的是向下的樓梯，可以用來護住本身的財氣；面對的是向上的樓梯，可以用來擋住外來的煞氣。

掛門簾也能產生效果，不過無論布簾、竹簾或者珠簾，都要能碰到地才好。在這種情況之下，保護門的下半部要比上半部來得重要，所以能擋得住下半部的屏風，就要比只能擋住上半部的門簾來得有用。

如果內大門的前面沒有足夠開闊的明堂來蓄氣，就算樓梯或者電梯並不是正對大門，只要在大門的附近，都最好能夠做上述措施來補救防範。

面對斜坡的大門

房屋的大門面對斜坡，就等同面對樓梯。面對向上的斜坡等同面對向上的樓梯，需要防煞氣；面對向下的斜坡等同面對向下的樓梯，需要防破財。斜坡越長，斜度越陡，對於財運的破壞力也會越大。

　　凡是在斜坡上建築的房屋，最好能在大門外規劃出比較大的明堂來，同時也在大門內隔出玄關，或者在適當的位置安放一座屏風。

　　這樣做不但蓄氣，同時還能擋煞，在風水上可以得到加分的效果。

一出大門就面對斜坡的房子，風水很不理想。如果對的是下坡（如下圖），氣易出難進，難以聚財；如果是上坡，門前沒有明堂，容易積存從上而下的滯氣與晦氣。

第四篇　風水調氣

風水中的八宅法，把住宅分成八方（見上圖）。其中包含四個正方：正東方、正西方、正南方、正北方；四個偏方：東南方、東北方、西南方、西北方。每個方位與八卦中的一個卦位相配合，各有自己所屬的五行，具備不同的特質，同時還代表家庭中各種各樣的親屬關係。

這一篇（第四篇）就專門談論住宅中八方氣場的特色，以及這些方位調整氣場的方法。

確定氣場的強弱

　　風水的最高指導原則，在於求得氣的均衡與流轉。所謂調整風水，不外是對特定方位的氣場抑強扶弱：氣場如果過於強旺，就設法宣洩減弱；如果過於衰微，就設法補充增強。

　　但是，如何決定這個方位是氣強還是氣弱呢？因素多而複雜。這裡選擇幾個重要而簡單易察的項目，加以說明：

第一，面積的大小比例。

　　首先找出住宅的中心點，以此為中心，分出東、東南、南、西南、西、西北、北、東北八個方位來（每個方位四十五度）。如果某一個方位的面積超過八分之一，就是氣強；如果少於八分之一，就是氣弱。

　　舉例來說，一棟四千平方呎的房子，每個方位的平均值應該是五百平方呎。假如東方只有三百平方呎，就屬於氣弱。假如西南方居然有八百平方呎，就顯然氣強。

1平方呎＝
0.028坪

　　長方形的房子，如果東西長、南北短，北邊坎宮和南邊離宮的面積必然比較小，能蓄的氣少，屬於氣弱；東邊震宮和西邊兌宮的面積大、蓄氣多，屬於氣強（見左圖）。東西短、南北長的房子，就恰恰相反。

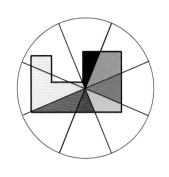

　　L型、U型等等形狀不規則的房子，氣場分布的強弱度更加懸殊，容易引起家人生活重心的偏差。

　　只有正方形的房子，每個方位的面積都差不多大，所以氣場也會比較均衡。這就是為什麼古代風水家喜歡方正的宅第。

第二，造型是凹進，還是凸出？

　　假如面積差不多，造型上的凹凸就發生決定性的影響。凸出的方位，在氣場的強弱上要加分；凹進的方位，在氣場的強弱上要扣分。

　　請記住：凸出的寬度在房屋一邊寬度的三分之一以內的時候，算作凸出。倘若超過三分之二的話，就不能算是這一邊的凸出，很可能要改算成另一邊的凹進了。

舉例來說，如果北方的凸出超過全邊的三分之二，就不能算是北方的凸出，而很可能要看成是西北方或東北方的凹陷。

　　‘面積大小’與‘形狀凹凸’的關係

面積的大小關係到氣場的容量，形狀的凹凸影響到氣場的活動力。

　　拿開汽車做比方。面積的大小就好比汽車馬力的大小；形狀的凹凸則好比道路的坡度。外凸如同車子開下坡路，會越開越快，也就是

上圖中每塊不同顏色，代表房子裡不同方位的面積。

由於房子的形狀不方正，各方位的面積自然有差異，因此造成了房屋各部位的氣場強弱懸殊。

一個方位如果本身面積小，又有凹陷，就像開小車爬陡坡，既耗油又跑不快，還有往下後退的可能。

如果方位本身的面積大，又有凸出，就像開大車下急坡，必須常常踩剎車，才能避免失控肇事的危險。

説，氣的活動力會越來越強；內凹則如同汽車爬坡，速度會減弱。

面積小的方位如果能有凸出，就像小車，雖然馬力小，但是由於下坡的緣故，還是能達到相當的速度。

面積大的方位假如有凹陷，就像大馬力的車子爬山路，車速雖然不免因為爬坡而減緩，但是仍然能不斷向前。

第三，光線明暗的強度。

一般來説，光線充份、明亮度高，氣場屬強；光線不足、明亮度不夠，氣場屬弱。不過各方位對光亮的需求不同，應該做個別考量。

在八個方位中，東方代表春天、早晨，南方代表夏天、中午。這兩個方位對光線亮度的要求都非常高；需要有明亮的天然光，才算及格。東南方夾在東方與南方的中間，自然也屬於亮光一族。

西方代表秋天、黃昏，北方代表冬天、夜晚。與東、南兩方比起來，對明暗度的要求相對的比較低；只要不過於陰暗，就算及格。

西南方為坤卦屬陰，不需要太明亮；西北方雖然夾在西方與北方的中間，但是因為乾卦屬陽，所以寧亮勿暗。東北方對光亮的要求比較有彈性，亮一點暗一點都可以接受。

第四，家具、擺設擁擠的程度。

一個方位的面積大，容納的氣應該多；但是倘若家具擁塞雜亂，不但氣的容量因此要減少，而且由於無法提供足夠的流轉空間，會造成氣滯，削減氣場的強度。

那麼盡量少放家具，是不是就能多蓄氣，形成好風水呢？未必盡然。

一個大房間，假如空空盪盪，沒有幾件家具，氣在裡面游走的時候毫無阻擋，就會形成氣場上的‘泛流’。像大型美術館、博物館，在沒有遊客的時候讓人感覺冰冷蕭索，就是因為太過空曠，無法產生適合人居住的吉氣。

由此可知家具擺設的疏密度非常重要。密集到擁擠的程度，或者稀疏到空曠的程度，都會造成不好的氣場。

第五，房間的用途。

氣場的強弱雖然不會因為房間的用途而改變，但是不同用途的房間會對氣場強弱的需求不一樣。

譬如說，客廳裡的氣最好能充沛、活躍；臥室卻需要安定平穩的氣。一個對客廳剛好適合的氣場，假如拿來當臥室，不免要嫌過於強旺。如果作為臥室剛好合適，拿來當客廳不免要嫌氣場不足。所以在調整氣場強弱的時候，一定要先了解用途，才能知道該如何處理。

此外，使用房間者的年齡、體力、精力也應該列入考慮之中。年齡大、體力衰的人對氣場的要求，與年輕力壯的人必然有所不同。

第六，使用的人數與次數。

人多則氣盛，人少則氣衰。尤其像客廳、飯廳這些地方，使用的次數越頻繁，參與的人數越多，氣越旺。多請親戚朋友到家裡聚會，一方面可以聯絡感情、建立良好的人際關係，一方面也能順便帶旺家中的氣場，好處多多。

臥室宜靜，不像客廳、飯廳需要多人氣。不過想要趕緊有下一代的夫妻，不妨多邀親友的幼兒到臥室裡來，在臥床上翻翻滾滾，或者睡個午覺，能有催生子女的效果。

第七，年份的影響。

不同的年份，會對住宅的不同部位產生不同的影響。

要了解這種影響，要先到農民曆上找出當年份的天干地支來。譬如說，2010是庚寅年，庚寅兩個字中，上面的‘庚’是天干，下面的‘寅’是地支。

天干共有十個：甲乙丙丁戊己庚辛壬癸。這十個字輪流做年度干支的上一個字。

凡是甲年，會大量增強東方的氣，東南方

也會受到好處。乙年會大量增強東南方的氣，東方也相當不錯。

　　但是對東北和西南兩個方位的氣場來說，甲、乙兩年會受到一些壓制。

　　丙年和丁年，南方氣強，西北和西方卻會受到脅迫，表現得比以往遜色。戊年和己年，西南方和東北方最拉風，北方的氣場會減弱。

　　遇到庚年和辛年，旺西北方與西方；東方與東南方會感覺氣的減少。遇到壬年和癸年，最旺北方，卻會大力削弱南方。

　　地支有十二個，可以用十二生肖做代表。

　　鼠年，北方得氣最強。虎年，東方得氣最多，南方次之。兔年，東南方得氣最多，東方次之。蛇年與馬年，南方最為得氣。猴年與雞年，西方和西北方得氣最多。豬年，北方得氣多，東方次之。

　　至於牛、龍、羊、狗四個年份，東北、西南和中宮的氣會大大增強。

第八，季節的影響。

　　春季（農曆三月四月間），東方與東南方氣旺。夏季（農曆六月七月間），南方之氣最旺。秋季（農曆九月十月間）旺西方與西北方之氣。冬季（農曆十二月與一月間），北方之氣最旺。

兩個季節交換的期間（農曆二月、五月、八月、十一月），中宮與東北方、西南方的氣比較強旺，。

其他的影響

　　除了以上的八大因素之外，也還有些其他的事物會造成影響。譬如說：穢氣（如廁所、垃圾、廚餘、貓沙等，都是穢氣的來源）和髒亂（譬如說：長期沒有清掃的積塵、堆積的髒衣服、亂放的鞋子）能造成煞氣，成為氣場的負能量。

　　而具有生長力的動物（貓、狗等寵物）、植物（盆栽、鮮花）以及能製造光熱聲響的物器（如電視、音響、電熱器、檯燈、電風扇、各種樂器等），都具有能增強氣場的活動力。

　　此外，有些房子因為造型特殊，很可能某一個方位的面積近乎於零，可以說根本沒有氣場的存在。像這種情況，自然形成了風水上的嚴重缺陷。能不能補救？該如何補救？將在後面幾章討論住宅各方位氣場中詳加研討。

調整北方氣場

方位：北方。
八卦：坎卦。
五行：水。
數目：一。
自然界象徵：長江大河。
顏色：黑色、深藍色。
形狀：波浪形。
能力：解決困難的能力；
　　　協調溝通的能力；
　　　應變的能力。
氣場特性：向下沉潛。
家屬：排行在中間
　　　的兒子。

影響主人面對困難時候應變的能力

北方在八卦中屬於‘坎卦’。

‘坎卦’代表的是流動的水，是波濤壯闊、深不可測的長江大河；不但暗潮洶湧，還處處有漩渦陷阱。“易經”六十四重卦中只要遇到‘坎卦’，就等於高舉‘前有危險，需要小心提防’的預警牌。

由於北方氣場具有‘坎卦’的特性，所以這個方位氣勢的強弱能左右主人‘渡河’的勇氣與技術。換句話說，影響家人在遭遇困難的時候，能有多少面對現實的勇氣，以及解決問題的能力。

優勢的北方，有助於事業發展

北方氣足，能增強主人面對挑戰時的自信心，勇於承擔責任與風險。這樣的人在事業上更上層樓的機會比一般人多，所以北方在風水上被稱作'事業宮'。

住宅這個部位的氣場強旺，能使人頭腦清楚，富有決斷力，對工作的幫助極大。就算一時失敗，鹹魚翻身的機會也比別人多。

對於從事瞬息萬變，冒險性大的職業，尤其工作中牽涉到大筆金錢的人來說，充實北方的氣場非常重要。

善於處理人事糾紛

坎卦在五行中屬水。水性'陰'，所以能冷靜；水性'柔'，所以能包容。具有這兩項特質，在職場上處理人事糾紛的時候，極佔優勢。用現代名詞來說，就是有助於家人的EQ。

家庭中難免有糾紛爭執。只要住宅的北方氣足，彼此間就會有溝通的意願與耐心，肯退一步為對方著想，自然不會有打不開的心結。

北方的氣場夠不夠強旺，同時還關係到家人的抗壓力大不大，心智夠不夠堅強。

在社會變化急遽，人與人之間的關係越來越冷漠複雜的今天，這個部位的重要性顯然會與日俱增。

氣場過強，會增加生活中的難題

如果北方氣場過於強旺，雖然面對挑戰的勇氣增強了，解決問題的能力增加了，但是相對的，面對的困難也會越來越多，難度更是越來越大。這樣的風水，會增加生活中莫須有的是非，造成對自己不利的困境。

除非生性喜歡給自己找麻煩，或者想要過艱苦卓絕的生活，以測試自己能力的極限，否則應該避免住宅的北方氣勢過強。

弱勢的北方，主人軟弱依賴

要是北方氣弱，主人獨立自主的能力會日趨薄弱，做什麼事都要仰仗別人。遇到挫折或失敗，更是很快就心灰意冷，宣告放棄。

具有這種心態，在職場上缺乏競爭力，受影響最大的還是事業方面的成就。

其次則是感情。因為依賴性強，性格上又缺乏溝通協調的彈性，很容易在情場上遭受被拋棄的命運。

和家庭中的次子有密切關係

如果住宅北部的氣場過弱，中間的兒子會變得懶散，做什麼都無精打采，提不起勁來，使父母失望。假如太強的話，又有可能會橫衝直撞、惹事生非，讓父母擔心不已。

如果一個家庭中有三個以上的兒子，除了長子和幼子之外，其他的兒子全都受這個部位的影響。

如何提升北方的氣場

太弱的氣場，需要想辦法提升。

北方在五行上屬‘水行’。想要提升或者活躍這個部位的氣場，一方面需要加強水本身的力量，一方面也可以從加強‘金行’入手，藉金能生水的特性來增生水的力量。

在顏色方面，最好採用屬水的黑色、深藍色，或者屬金的白色、金色和銀色作為這裡的主色調。

選購裝飾品的時候，在形狀方面，應該盡量挑屬水的波浪形，或者屬金的圓形飾物。

家具的質料方面，應該多採用金屬、塑膠、乳膠、泡棉或者玻璃製品。

養了魚的水族箱、市面上各種有水的擺設，都能直接發生催發水氣的作用。

用來提氣的水一定要保持在不停循環流動的狀態。如果成為一缸死水，反而會帶來壞運氣。

如何處理近乎零的北方氣場

如果住宅北方凹進，使得這個部位完全是空缺，這裡的氣場就等於零。在這種情況下，只有想辦法在屋外求補救。

北方屬水行，在屋外的空地上做一個噴泉，水在這裡不斷的上噴下落，能達成提升北方氣勢的最佳效果。

非常重要的是：平日需要保持水的清潔，更要注意馬達的保養工作；污濁或停擺的噴泉，會成為北方氣場的夢魘。

如何減弱北方的氣場

假如氣場太強了，需要設法減壓。要減少北方‘水行’的能量，可以從‘以木洩水’或者‘以土制水’兩方面著手。

» 以增強木氣的方法瀉水，是‘王道’；不但效果顯著，也不會有副作用。

在顏色方面，木是綠色。在形狀方面，木是長形。在質料方面，可以採用木製、竹製、藤製的器物。

» 運用土來剋水，可能產生兩極效果

藉增強土氣來制水，是‘霸道’；雖然也能有效，但是容易留下嚴重的後遺症。除非有

盆栽植物或者鮮花，屬於具有生命力的木行，有強大的瀉水功能。

已經枯死了的花草，只能產生死亡之氣，千萬不能用來洩水氣。

豐富的調氣經驗，否則絕不鼓勵採用。

倘若水氣過衰，在運用‘金行’來增強水氣的時候，倒是可以略加‘土行’，藉土能生金的特性，來催發金生水的力量。不過只能少量使用，點到為止；用多了還是有害。

那些器物具有土氣？在顏色方面，土為黃色、咖啡色。在形狀方面，土為正方形。在質料方面，土為陶、瓷製品。

石頭、土塊的土性，自然比其他器物更加強旺，所以更能制水，也更能生金。

» 運用‘火行’，小心發生‘勢同水火’的不良後果

五行中還有‘火行’，因為與水相沖，成為北方的忌禁。

不過假如北方的氣太強，在用木洩水的時候，不妨同時配合著用一點火，經由木洩水、火洩木的過程，讓過旺的水氣更容易宣洩。不過像這樣用火，只能點到為止，用多了會發生反作用。

那些器物屬於火行？鑑別火行的方法非常容易：凡是能發光發熱的，如火爐、電燈、暖氣、電熱器等等，都屬於正牌的火行。

在顏色方面，火為紅色。在形狀方面，火為三角形。在物件方面，包含所有能插電使用的物品。

如果在北方單獨用土，會減弱水氣；如果和金同用，卻能增長水氣。

同樣是用土，卻可能發生完全相反的作用，所以使用的時候一定要特別慎重。

調整西南方氣場

方位：西南方。
八卦：坤卦。
五行：土。
數目：二。
自然界象徵：大地。
顏色：黃色、咖啡色。
形狀：方形。
能力：包容力與忍讓力；
人際協調的能力；
處理婚姻狀況
的能力。
氣場特性：溫和安定。
家屬：母親。

影響主人處理婚姻關係的能力

西南方八卦中屬於‘坤卦’。

‘坤卦’代表大地，代表包容、忍讓、承諾、接受。在"易經"中每次出現‘坤卦’，都顯示出堅忍不拔的毅力，以及謙和含蓄的態度。

這種心態對人際關係顯然大有影響；尤其是在日常生活中如唇齒一般密切相依，卻又常常牙齒咬到嘴唇的夫妻關係來說，更是特別重要。西南方在風水上所以有‘伴侶宮’之稱，原因就在這裡。

優勢的西南方，夫妻恩愛逾恆

'丈夫來自火星，妻子來自金星'，兩個人溝通起來並不容易。但是如果住宅的西南方氣足，就不會有這方面的問題。夫妻都肯為對方著想，沒有'雞同鴨講'的怨懟。萬一遭受打擊，也願意互相支持打氣，不至發生'夫妻本是同林鳥，大難來時各自飛'的悲慘結局。

由於'坤卦'代表女性，如果這個方位氣場得宜，女主人雖然外表上看來溫柔體貼，實際上思想獨立、行為自主，是真正掌控家庭大權的人。

看過電影'我的希臘婚禮'（My Big Fat Greek Wedding）的讀者，應該記得那位聰明的希臘媽媽，把丈夫比喻成頭，妻子比喻成脖子的精采片段。頭總自以為是根據自己的意志轉動，全沒有想到其實受制於在下面默不吭聲的脖子，所以夫妻關係能夠非常和諧。像這樣的幸福家庭，住宅的西南方想必風水特佳。

西南氣強，對男女兩性都弊多利少

住宅西南的氣場過於強旺，家庭中的女性會壓制男性，造成男主人越來越退縮，女主人越來越'鴨霸'的情況，並不是家庭之福。

即使還是單身貴族，也不希望西南的氣過強。對單身的男性來說，生活中常常要忍受來自女性的壓力，無法表露自己的大丈夫氣概。如果是單身女性，控制慾會強到讓身邊的男士透不過氣來，大幅度減少進入結婚殿堂的機會。

略弱無傷，過弱則無力維繫婚姻

因為坤卦純陰，以退為進的緣故，倘若西南的氣略為不足，並沒有什麼壞處。

但是差得太多就不行了。已婚的人，維繫婚姻的能力會變得薄弱，夫妻間問題多多。未婚的人，無論男女，戀愛起來好像總是有情無緣，很難開花結果。

和家庭中的女主人息息相關

住宅中西南方氣場的強弱，會直接影響女主人的身心健康。尤其有老母在堂的家庭，對這個方位更是忽略不得。

倘若實在無法增強住宅西南方的氣場，由於物物各有其太極，可以在女主人臥室中的西南方做增氣措施，作為補償。

西南部位的氣如果太弱，還會對全家人的身心發生不良影響。在身體上來說，消化能力不佳，常常發生腸胃方面的疾病。在精神上來說，耐力差，做事無精打采，不能持久。

如何提升西南方的氣場

假如氣場太弱，需要設法提升。不過西南純陰，講究的是以柔弱取勝；除非氣場過弱，否則不必提升。

西南方在五行上屬土。想要提升或者活躍這個部位的氣場，需要增強土本身的力量，或者增強火行，藉以生土。

在顏色方面，可以採用屬土的黃色、咖啡色；或者屬火的紅色、紫色。在形狀方面，宜採用屬土的方形；或者屬火的三角形（無論方形或三角形，角度都要避免尖銳）。在質料方面，應該多採用陶、瓷製品。

火在五行中屬於陽中之陽，用火生屬陰的坤土之氣，要非常謹慎，點到為止，絕對不宜多用。

如何處理近乎零的西南方氣場

倘若住宅的西南方凹進，使得這個部位完全是空缺，西南的氣場就等於零。在這種情況下，只有想辦法在屋外求補救。

西南屬土行。要補救缺失，可以利用小石子在屋外的空地上做一個日式的‘禪園’。常常拿竹耙改變石子上的紋路，同時也一併清理自己的思緒，是提升西南氣場的最佳做法。

如何減弱西南方的氣場

假如西南方氣場太強，必需要設法減壓。要減少土的能量，可以從能夠洩土的金，或者能夠制土的木著手。

» 以金洩土

增強金氣來洩土是用子洩母（土能生金，所以土為母，金為子），正合坤卦為大地之母的本性，所以再好也不過。

在顏色方面，代表金行的是白色、金色、銀色，以及各種有金屬光澤的顏色。在形狀方面，金為圓形。在質料方面，可以採用金屬、塑膠、乳膠、泡棉、玻璃製品。

» 用木行要防副作用與反效果

如果西南的氣過於強旺，也可以藉增強木氣來制土。不過強木剋土，對家庭中的老母及女主人不利，所以奉勸大家用的時候要謹慎。

住宅的西南部位最好避免放置大型盆栽。想要用木氣消減土氣，藤蔓類的小盆栽是比較好的選擇。

鮮花的木氣溫和，也是不錯的選擇；不過假如開的是大朵或大片的紅花，屬於火行，反而會增加土氣，造成反效果。

如何分辨什麼器物屬木行？在顏色上，木屬青色、綠色；在形狀上，木屬長形；在質地上，木製、竹製、籐製的家具，都屬木行。

西南不宜氣強，一般來說，需要減弱的實例，往往要比增強來得多。

» 如何在西南方運用水型

俗話說：兵來將擋，水來土掩；水土之間本來就不太相容，因此西南方不宜單用水行。

不過假如這個部位的氣太旺，在用金洩土的時候，也不妨略帶一點＇水行＇。一來可以增強金洩土氣的功能，二來可以藉水洩金，金

雖說水土相剋，但是土能為水設定界限；水能賦予土以生機。兩者配合得當，在風水上會產生特殊的效果。

洩土的循環，激發氣場的流通，好處多多。不過只能酌情少量使用；用多了水土相激，未能得福，反而招禍。

如何分辨水行？在顏色上，屬黑色、深藍色。在形狀上，屬波浪形。當然，所有裝了水的容器或擺設，都屬水行。不過雖然只是一點水，也要活水才好，千萬不能是死水。

西南方在八卦中屬於坤卦。在大自然中象徵大地，在人世間象徵母親，具有無限的包容力。這個方位的氣場，稍弱無妨，不可過強。

調整東方氣場

方位：東方。
八卦：震卦。
五行：木。
數目：三。
自然界象徵：驚雷。
顏色：青色、綠色。
形狀：長形。
能力：創作發明的頭腦；
　　　爆發、衝刺的幹勁；
　　　開發製造的能力。
氣場特性：向上伸展。
家屬：長子。

影響主人創造發明的能力

東方在八卦中屬於‘震卦’。

‘震卦’象徵驚蟄的春雷；是春回大地的信號，是天地混沌之中的一聲霹靂，是貫穿宇宙、照亮昏暗世界的一道閃電。

住宅東方的氣場是不是活躍，影響主人創造開發與建設的能力。有沒有在商場、職場上披荊斬棘的勇氣？有沒有文藝創作的衝動？有沒有發明創造的巧思？有沒有可能做出石破天驚的壯舉？多少都與這部分的氣場有些關連。

優勢的東方，主人容易有特別的表現

東方的力量，有如草木萌芽的力量，充滿了向上的爆發力，日夜不停的生長。

住宅中東方氣足，有利於主人創造發明的能力，能激發出為自己開拓一片天地而努力的強烈意願。對於創業的人來說，這個方位特別重要。增強這個部位的氣勢，對事業來說，就好比把種子播在肥沃的土地上，能發揮草木萌芽一般的爆發力。

此外，對從事發明創造，或者文學藝術等，在工作上亟需腦力激盪的人來說，正東尤其是不可忽視的方位。不僅住宅的東方值得重視，書房和工作室裡的正東這個部位更需要氣足才行。

過強的東方，會養成逼人的霸氣

如果東方的氣場過於強旺，家中容易產生偏執狂。這個人或者在工作上固執己見，毫無通融的餘地，讓人覺得難以合作；或者成為家庭中的一言堂，完全不注意別人的意願，以致無法與家人融洽相處。

如果家人有心創業，而這個部位的氣場過於強旺，就會有不切實際的企圖心，妄想開創自己無力承擔的事業，容易因為志大才疏、眼高手低，以致造成無法善後的危機。

過弱的東方，意志力差到不行

相反的，如果正東的氣場差，住在裡面的人會變得意志薄弱、消極退縮，做什麼都拿不定主意。對於創業的人尤其不利。事業很難推展，人事和財務都容易發生問題。

以創作為生的人倘若住在這樣的房子裡，要防靈思枯竭、下筆維艱，常常要為無法有佳作而失望抓狂。

在家庭中，代表新生的第二代

東方因為極富生長之氣，和家庭中薪火的傳承息息相關，在風水上有‘家庭宮’之稱。希望早獲麟兒的夫妻，尤其需要好好調整這個方位的氣場。

這個方位如果氣強，父母與子女之間的關係可望和諧良好；尤其是長子，得益最多。

但是氣太強的話，會造成父母對子女的溺愛，教養出驕縱蠻橫的下一代。也有可能變成父母對子女嚴格控制干涉，以致兩代之間形成對立，造成親情上無法彌補的傷害。

如果氣弱的話，會危害親子關係。或者父母根本不關心子女，或者父母雖有滿懷愛心，卻因為無法溝通，子女難以感受到這份關愛。

因為東方對長子的影響最大，所以在佈置長子臥室的時候，要特別注意臥室的東方。

如何提升東方的氣場

假如氣場太弱了，就需要設法提升。

東方在五行上屬木行。想要這個部位的氣場活躍，需要增強木的力量，也可以增強‘水行’的氣，藉水來滋潤木的生長力。

在顏色方面，宜採用屬木的青色、綠色，或者屬水的黑色、深藍色。

在形狀方面，宜採用屬木的長形，或者屬水的波浪形。

在質料方面，應該多選用木製、竹製、籐製品；也可以放置水的容器、擺設。

如果在這個部位掛上樹林、江海、湖泊等大自然的圖畫或照片，也可以有提氣的作用。開大的窗戶，或者擺放能響會動的家具器物，也能收到很好的強氣效果。

陽光、電視、音響，或者照明、取暖的設備，屬於‘火行’，本來會洩木氣，但是由於對發動東方氣場有特別的功能，冬天使用，要算提氣而非洩氣。

如何處理近乎零的東方氣場

倘若住宅東方凹進，使得這個部位完全是空缺，這裡的氣場就等於零。在這種情況下，只有想辦法在屋外求補救。

東方屬木行。要補救這裡的缺失，可以在屋外的空地上種一些植物，或者擺放一些大型盆栽。假如地方夠大，種一排蜿蜒如龍身的矮樹叢，最能提升東方的木氣。

不過要特別注意樹木和盆栽的維護。倘若種的不是四季長青的植物，冬天要清除枯死的植物，春天一到就要馬上替補。

震卦的特色在動。如果把這個方位的空地鋪上水泥，和住宅連成一片，做為運動的場地，讓長子常常與朋友一同在這塊空地上運動、遊戲，也是很好的增強氣場的方法。

長子如果能經常在這個場地上活動，可以彌補在住宅裡面無法得到方位之氣的缺失，更有一舉兩得的效果。

如何減弱東方的氣場

假如氣場太強，需要設法減壓。要減少木的能量，可以設法增強‘火行’以宣洩木氣，或者增強‘金行’來壓制木氣。

» 用火行宣洩木行

藉火洩木，要量大才有用。少許的火，不但不洩木，還能提升木氣。

那些器物屬於火行？在顏色上，所有紅色系（包含紫色）都屬於火。在形狀上，三角形或多角形都屬於火行。

不過三角或多角都是銳角，有產生煞氣的危險，選用的時候要十分當心。

» 運用‘金行’要有技巧

用金制木，就像拿刀鋸修剪樹木一樣。修得好當然枝葉亭亭，現出不凡的風貌；但是萬一失手，有可能斫斷樹的生機，造成滅絕性的傷害。所以使用的時候一定要有技巧。

春天木氣初長的時候，更應該謹慎。反而秋天比較不忌金氣。這正是孟子說：‘斧斤以時入山林’的意思。

那些器物屬於金行？在顏色上，白色、金色、銀色，以及各種閃閃發亮的顏色，都屬於金行。在形狀上，圓形、橢圓形，都是金行。在質料上，金屬製品、塑膠製品、玻璃製品，也都是金行。

»‘土行’亦敵亦友

木能破土，五行關係中屬於相剋，因此東方少用‘土行’。其實樹沒有土就沒有立足之地，不往下扎根那裡能往上生長？所以土對東方的木氣來說，實在是亦敵亦友。

假如木氣過旺，土還能幫助火來洩木。土行天性沉穩安定，與火行合用，能降低火的不穩定性，減少產生負能量的可能性，用來宣洩木氣最為適當。不過只能配角性的少量使用，用得太多會有副作用。

　　那些器物屬於土？在顏色上，是黃、褐、咖啡色。在形狀上，方正的家具器皿屬土。在質料上，陶瓷製品、磚土石塊，都是土行。

　　這幾年風水界非常流行的水晶、玉石，也屬於土（有些夾雜了金屬的，就同時還帶有金性）。如果住宅的東方氣場本來就嫌無力，卻把大型水晶放在這裡希望能提升氣場，恐怕緣木求魚，難以得到預期的效果。

"易經‧說卦傳"上說：帝出乎震。震指的是東方，是太陽升起的方位。陽氣由這裡開始萌芽啟動，萬物由這裡開始欣欣向榮。在風水中，這個方位代表家庭裡的長子，也象徵家庭中創造、成長的力量。

調整東南方氣場

方位：東南方。
八卦：巽卦。
五行：木。
數目：四。
自然界象徵：長風。
顏色：淡青色、嫩綠色。
形狀：長形。
能力：賺錢的能力；
　　　花錢的技巧；
　　　談情說愛的機緣。
氣場特性：向上飛揚。
家屬：長女。

影響主人賺錢和花錢的能力

這個方位在八卦中屬於‘巽卦’。

‘巽卦’象徵流動不止的風，變動性非常大。在人世間的事物上，象徵家庭中錢財進出的能量與流通性。

換句話說，主人賺錢的機會多不多？懂不懂得如何花錢？是不是重視生活享受？與東南的氣場有很大關係。因此在風水上，這個部位稱做‘財帛宮’。

優勢的東南方，錢財進出容易

東南方如果氣足，主人的人緣好，能得到朋友的幫襯。財源也廣，錢財來得輕鬆暢快；只要肯耕耘，就會有收穫。

對生意人來說，這個部位尤其重要。商人都需要能‘長袖善舞’；如果能有風的幫助，自然舞得特別瀟灑自在，稱心如意。

‘巽卦’是長風，從遠方來，到遠方去，所以最利於遠方求財。做國際貿易的人、以航海為職業的人、從事影藝工作的人，如果能住在東南氣旺的房子裡，工作特別順利，賺錢也特別容易。

氣場過強，容易成過路財神

但是住宅東南方氣太強的話，錢財來得固然快，去的速度也非常驚人，手裡存不下什麼錢來。

同時人也會受到風性的感染，時東時西，難下決斷。就算已經決定的事，也容易出爾反爾，讓人覺得無法信任。

氣場過弱，財源枯竭

如果氣弱，主人進財的能力也弱。而且影響人際關係：非但得不到朋友的幫助，還可能交到笑裡藏刀的惡人，受到種種牽累破壞。

影響愛情的成敗

對還沒有結婚的人來說，東南方也象徵愛情運。假如遲遲沒有戀愛的機會，或者談戀愛老是沒有成果，應該檢查住宅的東南方，看看是不是有氣場衰微的問題，同時也要檢查有沒有煞氣存在。

與家中的長女、長媳有關

長女也好，長媳也好，倘若不住在家裡，就不受這棟住宅的影響。

一棟房子的風水，只影響住在這棟房子裡面的人。如果不住在裡面，即使是直系親屬，也不會受到影響。

對於已婚有子女的人來說，這個部位與家庭裡面的年輕女性有關；尤其是長女和長媳。東南方如果氣弱或者有煞氣，容易發生長女不聽管教，或者與長媳處得不好的問題，以致家庭不得安寧。

因為東南對長女的影響最大，所以在為她佈置臥室的時候，要特別注意房間裡面的東南方。其實不止長女而已，所有對愛情有所期待的人，都應該增強自己臥室裡東南方的氣場。

如何提升東南方的氣場

假如東南方的氣場太弱，需要設法提升。

東南方和東方一樣，在五行上屬木。所以提升氣場的方法非常相似，或者是增加木本身的力量，或者藉水來滋潤木的生長力。

兩者不同的是：東方的木是陽木，所以需要的氣比較強；而東南方是陰木，對氣場的要求相對的也比較低。一個是雷霆萬鈞的霹靂，一個是溫柔纏綿的清風，在風水的佈置方面，自然也要有所不同。

在顏色方面，宜採用屬木的淡青色、嫩綠色，或者屬水的淺藍色。

在形狀方面，宜採用屬木的長形，或者屬水的波浪形。

在質料方面，則應該多採用木、竹、籐製品，或者是裝有水的容器、擺設。

可以在這個部位掛上樹林、江海、湖泊等大自然的圖畫或照片。

如果有窗戶，應該常常打開窗戶，讓風吹進來；如果沒有窗戶，夏天可以在這裡放電風扇，製造人造風。

如何處理近乎零的東南方氣場

倘若住宅東南方凹進，使得這個部位完全是空缺，氣場就等於零。在這種情況下，只有想辦法在屋外求補救。

東南方屬木行。要補救這種缺失，可以在屋外的空地上闢一個小型花園。費點心思選擇植物的種類，最好讓庭園裡四季都有花開，就能有效提升東南方的木氣。

維護工作非常重要。只要發現植物有枯死的跡象，應該馬上汰舊換新。那些一年生的草本植物，一朝花謝葉萎，就是該清除的時候。

如何減弱東南方的氣場

東南氣場如果太強了，需要設法減壓。與減輕東方氣場的方式一樣，可以增強火行來洩木氣，也可以增強金行來克制木氣。

» 增強火的力量來洩木氣

想要減弱東南方的氣場，可以與東方一樣採用藉火洩木的方式（請參看第192頁'用火行宣洩木行'一段）。

» 運用'金行'要特別謹慎

東方的木氣剛強如大樹，東南方的木氣柔弱如花草。用金制東方的木，危險性比較小；拿來制東南方的木，就像拿斧鋸修整花材，稍一不慎，很可能就被斲傷成廢料，失去生機。

這麼一來，家人的財運，愛情都要受到打擊；長女的婚姻、健康更會受影響。所以在這裡使用金氣，要非常慎重小心。

最適合運用金行的情況：當東南方氣衰，需要以水生木的時候，可以同時加用少量的金行，藉金生水的作用來強化木氣。

東南方避免過強的土氣

在上一章談調整東方氣場的時候，曾經提到過，在住宅的東方放水晶或者玉石，未必能有提升氣場的效果。

東南方既然和東方五行一樣屬木，所以對擺設玉石會有非常類似的反應。由於東南的木氣偏於陰柔，假如放置的玉石過大，很有可能會壓制這個部位氣場的活動力，比東方更容易發生禍福難料的後果。

八卦中的巽卦代表東南方的氣場。巽是順的意思；順勢而進，無孔不入，在自然界象徵風，在人世間象徵愛情。在風水中，這個方位代表家裡的長女，也象徵家庭中賺取財富的力量。

調整西北方氣場

方位：西北方。
八卦：乾卦。
五行：金。
數目：六。
自然界象徵：天。
顏色：白色、金色、銀色、
各種金屬光澤的顏色。
形狀：圓形。
能力：領導力；
貴人緣。
氣場特性：向內凝聚。
家屬：父親。

影響貴人提攜的機緣

這個方位在八卦中屬於‘乾卦’。

‘乾卦’代表‘朗朗乾坤’中的天，代表
進取的力量，代表權威。所以“易經”上乾卦
的象辭是：‘天行健，君子以自強不息。’

在人間世，西北方影響到主人和師長的關
係；在家屬中，代表父親的權威。

一個人在學校是不是受師長的喜愛，工作
上能不能得到上級的賞識，遇到機會有沒有貴
人在旁邊拉拔提攜，都和住宅中的這個方位有
關。所以西北方在風水上有‘貴人宮’之稱。

優勢的西北方，對職場上的發展有利

住宅的西北方氣足，會增強主人的自信心，激發領導的潛能，社會地位自然會在不知不覺間日漸提升。

同時也特別富‘貴人緣’，常常有不平凡的際遇。因為容易遇到‘伯樂’，所以在職場上常常有‘千里馬’的表現，比一般人要發展得平順快速。

極旺的西北方，造成自我膨脹

相對於‘坤卦’的純陰，‘乾卦’是純陽之卦，因此氣場特別進取活躍。這個部位的陽氣寧可過旺，也不能不足。

不過假如陽氣超強，就會產生自我膨脹的心態，變得專橫霸道，令人厭惡。

尤其是單身女性，住在乾宮（西北方）過旺的住宅中，將漸漸喪失女性的溫柔嫵媚，在言行舉止中帶霸氣，讓男性望而生畏。久而久之，更有可能會變成獨身主義者。

西北氣弱，難以振作

假如氣弱，主人在團體中不受重視，工作上更是難以出人頭地。無論男女，在這種房子裡住的時間久了，還會在性格上變得有憤世嫉俗、自暴自棄的傾向。

不過對男性的影響要比對女性大，這種住宅裡的男主人，既談不上夫權，也沒有父權，在家裡很難受到應有的尊重。

如果您覺得自己總是懷才不遇，有志難伸，或者常有英雄無用武之地的嗟嘆，不妨檢查一下住宅的西北這個部位，看看是不是有氣場太弱的缺點。（檢查氣場強弱，請參看第168頁的‘確定氣場的強弱’）

和家庭中的男主人息息相關

‘乾卦’純陽，象徵男性，所以住宅中的西北一角，直接關係到家裡的男主人。

這裡的氣場過強或過弱，都會影響到男主人的社會地位、身心健康，甚至關係到發生意外的機率。年邁的男主人，或者家裡還有老父同住，對西北這個部位尤其不能掉以輕心。

西北方在五行中屬金，金最忌火。在這裡有壁爐、火爐、電熱器，或者烹飪用的爐灶，都會強力破壞金氣，男主人容易血壓增高，甚至有腦溢血、中風的種種可能。

這個部位也不適合作為子女的臥室。睡在這個部位的兒子，容易具有向父權挑釁的心態，不聽管教，造成家庭問題。

最好是能夠用來作為客廳、飯廳、男主人的書房。用來做臥室也行，不過男主人一定要回家過夜，才能真正受到好處。

如何提升西北方的氣場

假如西北的氣場弱，一定要設法提升。

» 加強金與土的力量

西北方在五行上屬‘金行’。如果想要提升或者活躍這個部位的氣場，需要增強金本身的力量，或者增強‘土行’，讓土來孕育培養金的氣勢。

在顏色方面，宜採用屬金的白色、金色與銀色；或者屬土的黃色、咖啡色。在形狀方面，宜採用屬金的圓形，或者屬土的方形。在質料方面，應該多採用金屬製品、塑膠製品，或者陶瓷製品。

清脆的聲音對增強金氣有特別的功效。如果能在這個部位掛風鈴（必需是金屬製），或者播放音樂（最好是鋼琴、古箏等弦樂器，小喇叭也不錯），可以產生很好的提氣效果。

如何處理近乎零的西北方氣場

倘若住宅西北方凹進，使得這個部位完全是空缺，西北方的氣場就等於零。在這種情況下，只有想辦法在屋外求補救。

要補救這裡的缺失，不妨把這裡的空地鋪上水泥，和住宅連成一片。讓家中的男主人帶著孩子或者朋友在這裡打籃球、騎腳踏車，以吸取住屋裡面所缺乏的乾卦之氣。

西北屬金行。如果能在這個角落上掛一個金屬製的風鈴，或者會隨風轉動的風車，提升西北氣場的效果會更好。

任何能發熱冒火冒煙的器物，都屬於‘火行’。火有銷金的力量，所以千萬不能在這塊空地上放置烤肉架、營火等等器具，免得把好不容易才提升起來的金氣給銷鎔掉。

如何減弱西北方的氣場

》 用活水宣洩金氣

萬一西北的氣場太強，需要設法減壓。可以利用‘水行’瀉掉一些‘金行’的能量。

那些器物屬於水行？在顏色方面，水為黑色、深藍色。在形狀方面，水為波浪形。

所有裝了水的容器或者擺設，當然都屬於‘水行’。不過要流動的活水才有效；一缸死水，除了製造煞氣之外，啥用也沒有。

》 水木通用，宣洩的效果更好

用‘水行’的時候最好能兼用‘木行’。

‘乾卦’雖然是純陽之卦，但是在五行中屬金。與木行、火行相比較，金行、水行都屬陰。用屬陰的水來洩屬陰的金，陰氣益旺，陽氣不足，必須要在陰水之中加一點木的陽氣，才能彌補這個缺陷。也不必多，只要在水的旁

陰陽是經由對比而產生的觀念，沒有絕對的陽，也沒有絕對的陰。

譬如說：甲比乙胖，乙比甲高。在比身高的時候，甲為陽，乙為陰；但是在比體重的時候，乙是陽，甲反而成了陰。

邊放一個小盆栽，就能收到很好的效果。

需要注意的是，木一定要和水同時使用，而且只能點到為止；多了會引起金木相爭的煞氣，有害無益。

西北方絕對要避免‘火行’

‘乾卦’在八卦之中領袖群倫，地位很重要，不能隨便受到傷害。五行中火能鎔金，所以乾卦所代表的西北方以‘火行’為忌，一定要遠遠避開才好。

那些器物屬於火行？在顏色方面，火是紅色、紫色。在形狀方面，火是三角形。

任何能發熱冒火冒煙的器物也都屬火行。這個方位最需要避免的，就是壁爐、電熱器這一類的取暖設備。爐灶當然也在黑名單上。

西北在八卦上屬於乾卦。

乾卦純陽。在自然界象徵至大至剛的天；在人世間象徵自強不息的君子。西北的氣場，強旺一點無傷，不足會發生問題。

調整西方氣場

方位：西方。
八卦：兌卦。
五行：金。
數目：七。
自然界象徵：湖泊、大海。
顏色：白色、金色、銀色、
　　　淺淡發亮的顏色。
形狀：圓形。
能力：儲存財物的能力；
　　　追求快樂的意願。
氣場特性：向內凝聚。
家屬：幼女。

代表主人的快樂指數與儲蓄能力

這個方位在八卦中屬於‘兌卦’。

‘兌’是‘悅’的古字，代表的是歡欣喜悅的心情。一個人能不能維持快樂的心態，和住宅西方的氣場強弱很有關係。

‘兌卦’又代表自然界的水澤。雖然同樣是水，卻和北方‘坎卦’的水大不相同。坎卦是急遽流動的河流，充滿了漩渦與陷阱；兌卦卻是蓄藏了無數魚蝦水產的湖泊，在人間世上象徵積蓄的財富。

優勢的西方，主人懂得享受生活的樂趣

這個方位如果氣足，在精神上來說，住在裡面的人生活充滿了樂趣；主人的品味高，懂得生活的藝術。在物質上來說，能有相當的積蓄，利於添置家產。

一個人假如長時間感覺生活枯燥乏味，做什麼都提不起勁，很可能是自己住宅的西方這個部位發生了問題。

西方之氣過旺，花錢心態兩極化

如果氣場太強旺，會成為享樂主義者，把追求自己的快樂看做唯一目標，眼裡沒有別人的存在。而本身的快樂，又多半與金錢有關。

住在西方氣場過強的住宅裡，用錢的心態會向兩極發展：一種是物質欲望高漲，非錦衣玉食不歡，出手闊綽，揮霍無度；一種是視錢如命，只進不出，成為典型的守財奴。

當然，也有可能集合這兩種特色於一身：自己養尊處優，對別人卻一毛不拔。

弱勢的西方，主人生活枯燥無趣

假如氣場太弱，主人的日子往往會單調無聊。一方面自己沒有追求生活情趣的興致，一方面缺乏享受生活的經濟能力。在心態上，也晦澀消極，有悲觀厭世的傾向。

和家庭中最小的女兒關係密切

　　住宅西方的氣場直接影響家裡的小女兒。氣場過旺會變得嬌生慣養、變得盛氣凌人，不受朋友的歡迎。氣太弱則膽小怕事，而且在戀愛的路上會屢遭打擊，弄得毫無生趣。

　　如果實在無法調整住宅西方的氣場，一定要在小女兒自己臥室裡的西方部位下功夫。

如何提升西方的氣場

　　假如氣場太弱，需要設法提升。

　　西方和西北方一樣在五行上屬‘金行’，所以提升氣場的方式也大同小異（請看第200頁的‘調整西北方氣場’）。所以會有小異的發生，因為雖然同是金行，西北方的金是陽金，西方的金卻是陰金。

　　在顏色方面，裝飾西方可以用各種淺而帶有光澤的顏色，最好能像珍珠一般潤澤，或者像寶石、水晶一樣的光彩流動。

　　清脆的聲音對於增強金氣特別有功效。在住宅的西方部位演奏樂器，或者欣賞音樂，可以有助於活躍這裡的氣場。

　　質料方面，玻璃、陶瓷製品都可以，不一定非要金屬風鈴才行。

如何處理近乎零的西方氣場

倘若住宅西方凹進，使得這個部位完全是空缺，這裡的氣場就等於零。在這種情況下，只有想辦法在屋外求補救。

如同補救零氣場的西北方一樣，可以把這裡的空地鋪上水泥，和住宅連成一片，做為子女們運動的場地。

如果能在這個角落上掛一個玻璃、金屬或壓克力製的風鈴，或者會隨風轉動的風車，補充西方氣場的效果會更好。

如何減弱西方的氣場

假如這個部位的氣場太強了，需要設法減壓。基本上來說，宣洩西方氣場的方法，和西北方類似，都可以利用水行來洩金（請參考第204頁以活水宣洩金氣的一段。）

» 用‘水行’的時候最好並用‘木行’

由於‘兌卦’的金是陰金，在用水來洩金的時候，必須要放一個小盆栽，取它的生長之氣。為了收到良好效果，最好選用能開花的盆栽。同時還要因應季節的不同，改換不同的植物，保持常年有花，才能維持長效。

盆栽不宜多，也不宜大，一盆即可。必要的時候，也可以用鮮花取代。不過花材避免大紅色或紫紅色。

因為花瓶中的水是不能流動的死水，所以一定要每天換水，絕對不能讓水發黏發臭。

» 西方要避免‘火行’

因為火能鎔金，所以西方與西北方相同，都忌‘火行’。紅色、紫色以及三角形的器物都帶火性，最好少放在這個方位。

任何能發熱發光、冒火冒煙的器物，火性特別強旺。像壁爐、電熱器這一類取暖設備，都不應該放在住宅的西方。

就五行來看，西方與西北一樣屬金；不過西方是陰金，沒有西北陽金的銳氣。就卦象來看，西方與北方一樣象徵大自然界的水；不過西方的水是穩定的水，不像北方的水那樣凶險。

調整東北方氣場

方位：東北方。
八卦：艮卦。
五行：土。
數目：八。
自然界象徵：高山。
顏色：黃色、咖啡色。
形狀：方形。
影響能力：吸收知識的能力；
　　　　　堅忍持久的毅力
氣場特性：安定沉穩。
家屬：幼子。

影響主人學習的能力與情緒的穩定性

　　東北方在八卦中屬於‘艮卦’。

　　‘艮卦’代表山，象徵天地之中一股安定持久的能量。住宅裡這一部分的氣場對於主人的心態是否沉穩，能不能為實現理想堅持奮鬥，有很大的影響力。

　　穩定的情緒、安靜的心性，是求學求知能不能得到成效的先決條件，所以東北在風水上有‘知識宮’之稱。

優勢的東北方，對專業人士和學生的幫助最大

東北方氣足，對學有專長的專業人士，效果最為顯著；對在校生的學業成績、從事研究工作者的研究成果，也能有很大幫助。

就職業來說，凡是醫生、律師、高科技研究員等，必需具備非常專業的知識素養的人，需要特別重視住宅東北部的氣場。

東北氣過強，容易流於頑強

但是如果這個部位氣場太強，主人有可能變得執拗倔強，固執己見，成為不通人情世故的怪胎。由於心中過於專注如何達成自己的目標，往往忽略了別人的想法和感受，到最後難免會有‘為達目的，不擇手段’的惡名，成為社交圈中不受歡迎的人物。

如果主人是做研究工作的學者或者技術人士，容易鑽牛角尖，變成大家眼中不通人情世故的書呆子。

東北氣弱，主人不求上進

如果東北氣弱，主人不但學習的能力差，也缺乏上進的意願；做什麼事都三心兩意，浮動不安，缺乏長性。

如果覺得家中的孩子成績差，對讀書提不

起勁，不妨檢查住宅與孩子臥室的東北方，看看是不是‘知識宮’出了問題。

和家庭中的幼子關係密切

住宅東北部位直接影響家中最小的兒子。這裡的氣場過強或過弱，對幼子最為不利。一般來說，不是家長對幼子過於溺愛，就是疏於管教，使小兒子難以成材。

東北是鬼門，諸多不宜

由於東北方是風水上的‘鬼門’，特別不適合用來做年幼子女的臥室。各位讀者千萬不要受到‘知識宮’這個名詞的誤導，故意把孩子的臥房安排在這個部位。

因為這裡被看作是神人相交通的地帶，所以必須保持潔淨，如果用來當作廁所，或者堆放垃圾，會因為‘褻瀆神明’而招來災禍。這種說法，雖然沒有科學根據，也還是不要故意冒犯的好。

最適合做書房，放置書桌書架

既然是知識宮，當然最適合用來做書房。不過由於是鬼門的緣故，應該避免讓年幼的小孩獨用，最好能與父母或兄長共用。

在孩子自己的房間裡，東北方可以用來放書桌和書架。這個部位是房間的文昌位，讓孩子在這裡讀書，合乎風水之道，能夠收到事半功倍的效果。

如何提升東北方的氣場

假如東北方的氣場太弱，必需設法提升。

東北方在五行上與西南方一樣屬‘土行’，所以想要提升或者活躍這個部位的氣場，不妨參考‘調整西南方氣場’中的方法。

不過東北方的土與西南方的土，大同之中還是小有差異。由於‘艮卦’象徵山，在東北方擺放體積大而沉重的家具，是一種另類提氣方式。這個方式，在西南方就用不上。

如何處理近乎零的東北方氣場

倘若住宅的東北方凹進，使得這個部位完全空缺，氣場就等於零。在這種情況下，只有想辦法在屋外求補救。

東北方屬土。可以在屋外空地上堆放大小不等的石頭，設計出別致的花園造型，來補救缺失。

常常在這裡靜思冥想，可以讓自己頭腦清晰、心思澄明，對學校成績或研究工作非常有幫助，是彌補東北方零氣場的良好方法。

如何減弱東北方的氣場

» 用'金行'是最王道的作法

如同對待強旺的西南氣場一樣，倘若東北的氣場過旺，最沒有副作用的方法是以增強金氣來瀉土。（請參考第185頁）

» 用'木行'要防反作用

當然，也可以藉增強木氣的方式來制壓土氣。不過強木剋土，難免要造成傷害；如果家中有么兒、有在學的學生，或者有從事研究工作的人，用木行的時候都要特別慎重。

為避免發生這種弊病，在住宅的東北部位放置盆栽，最好不要超過半個人的高度。至於木製器皿或者家具，因為所具有的木氣已經沒有生命力，所以不受這個限制。

» 如何在東北方運用'水行'

假如住宅東北部位的氣極旺，在用金洩土的時候，也不妨略帶一點水。

這樣做一來可以增強金洩土的力量，二來可以藉水洩金、金洩土的循環，激發氣場的流通，好處多多。

像下圖這個小型室內流水器，因為本身是金屬製品，用來洩東北的旺土，再適合也不過。

調整南方氣場

方位：南方。
八卦：離卦。
五行：火。
數目：九。
自然界象徵：日、月。
顏色：紅色。
形狀：三角形、多邊形。
能力：明辨是非的能力；
　　　熱情的易燃度；
　　　智力與觀察力。
氣場特性：閃爍跳動。
家屬：次女。

住宅的南方，影響主人觀察事物的能力

南方在八卦中屬於‘離卦’。

‘離卦’代表日月，代表火，代表世間所有的光與熱。人能夠看得清楚這個世界，白天要靠太陽，晚上要靠燈火，所以‘離卦’代表能明察事理的智慧。

亮光、溫度是萬物生存成長的基本條件，所以‘離卦’也象徵家人在事業上的成就、在

社會上的地位，以及在親朋好友中的名聲。

優勢的南方，主人慎謀能斷

住宅南方氣足，有助於主人的思路清晰、條理清楚，同時意志堅定，在為人處世上能做正確的決定，所以自然受到同儕的肯定，師長的重視。

住在這樣的住宅裡還有一個優勢：感情之火雖然易點易燃，卻不會盲目追求；該放的時候放得開，該收的時候也收得回來。這樣理性的談戀愛，不但成功的機率大，就算失敗了，也很少會造成過度的傷害。

這個部位還關係到個人的魅力。政治人物在競選公職的時候，有沒有向心力，人氣夠不夠旺，與住宅南方的氣足不足很有關係，說它是‘魅力宮’也不為過。

過旺的南方，要防眾叛親離

但是南方氣場過於強旺的話，住在裡面的人會表現得剛愎自用，養成獨斷獨行的性格，什麼人的話都聽不進去。情況嚴重的話，會有眾叛親離的不幸下場。

假如覺得家裡有人特別難纏、固執己見，沒有通融或者商量的餘地，先檢查住宅南方的氣場是不是有過旺的現象。

南方氣衰，見事不明，當斷不斷

如果南方的氣場不足，住在裡面的人會表現得優柔寡斷、見事不明，同時也很容易受到引誘而誤入歧途。

'離卦'是火，與人的精力、活力息息相關。南方的氣場不足，也會使住在裡面的人精神萎靡不振、得過且過，毫無雄心壯志可言。

和熱情指數息息相關

這裡所謂的熱情指數，包括對本身生命的熱愛程度，以及有沒有能力在感情上引起別人的共鳴。

有些人渾身充滿魅力，熱情四射，就像野火一樣，走到那裡燒到那裡，讓大家不自覺的就跟著他的拍子起舞。這是熱情指數超高的一型。這種人多半情場上也很得意，愛情的路上從來不缺攜手同心的伴侶。不過指數太高了，難免也會有燙傷別人，燒傷自己的時候。

有些人言行舉止都讓人感覺難以親近；在團體中很容易被忽略，得不到別人的認同，屬於熱情指數極低的一型。這種人通常也不容易找到適當的對象，戀愛的機會少，婚嫁的結果多不如意。

普通人的指數大多介於上述的兩者之間。

如果對自己或家人的熱情指數不滿意，想

要或高或低的做一番調整，不妨在整個住宅的南方、客廳的南方，以及自己臥室的南方這三個部位下功夫。

與排行在中間的女兒密切相關

只要不是長女，不是么女，所有排行在中間的女兒，都受到住宅南方氣場的影響。

如果住宅南方的氣不足，必須設法增強女兒臥室裡南方的氣場，免得她（們）在愛情和婚姻方面路途坎坷。

當然，假如這個女兒表現得太過熱情，就要設法減弱她臥室南方的氣場了。

如何提升南方的氣場

假如南方氣弱，需要設法提升。（判斷氣場強弱，請參看第168頁‘確定氣場的強弱’）

》強木最能強火

南方在五行上屬‘火行’。想要提升或者活躍這個部位的氣場，一方面需要加強火本身的力量，一方面也可以加強‘木行’，藉木能生火的特性來增強火的力量。

在顏色方面，宜採用屬火的紅色、紫色系列；或者屬木的青色、綠色。

在形狀方面，宜採用屬火的三角形，或者

屬木的長形（無論三角形或者長形，都要避免將銳角對著家人坐臥的地方。否則可能產生煞氣，以致未蒙其利，先受其害）。在質料方面，盡可能採用木、竹、籐製品。

在住宅南方的牆上掛上日出景象，或沐浴在陽光下的樹林、花園的圖畫照片，也可以提氣。

南方是整個住宅之中最適合裝置壁爐的地方。其他能發熱放光的物件，擺在這裡也有很好的強氣效果。

如何處理近乎零的南方氣場

用燈光補足火行之氣，要經常檢查燈泡亮不亮。假如燈泡壞了不換，只有燈柱站在那裡，對住宅的風水一點幫助都沒有。

倘若住宅南方凹進，使得這個部位完全是空缺，這裡的氣場就等於零。在這種情況下，只有想辦法在屋外求補救。

南方屬火行。要補救這裡的缺失，可以在空地的角落上豎一盞燈，晚上保持這裡通夜明亮，就能達成提升氣場的目的。

如何減弱南方的氣場

假如氣場太強了，就需要設法減壓。要減少南方‘火行’的能量，可以設法增強‘土行’以宣洩火氣，或者增強‘水行’來剋制火。

» 強土洩火，順乎自然

增強土氣來瀉火，最合乎五行生剋的自然法則；不但效果特別顯著，也不會有副作用。

屬土的器物，在顏色方面，是黃色、咖啡色。在形狀方面，是方形。在質料方面，可以採用陶瓷製品。

現在很流行的水晶、瑪瑙，以及各式各樣的玉石，也都屬於土，有些還略帶有金氣。用來宣洩火氣，可以說再好不過。

» 運用‘水行’要慎重行事

五行中最具有剋火效果的，當然是水；增強水行的力量，必然有壓制火行的效果。不過水盛可能滅火，假如運用不慎，有毀損整個南方氣場的可能，所以要非常謹慎。

屬水行的器物，就顏色看，是黑色、深藍色。就形狀看，是波浪形。

所有裝了水的容器或擺設，都屬‘水行’；像這樣實質上的水，氣性強旺，如果隨意放在住宅南方的位置，很可能水火相激，惹來災禍，千萬要注意。

» 運用金行，小心惹出紛爭

火能鎔金。把‘金行’的器物放置在住宅南方的位置，家庭成員常有爭執不快。這時候一定要放一點陶土或水晶的器物作為化解。

把金和土放在一起，洩火的力量很大。只有在南方氣場非常強旺的時候，才能用這種方法調氣。

調整中宮氣場

方位：中心部位。
八卦：太極。
五行：土。
數目：五。
顏色：黃色、咖啡色。
形狀：方形。
氣場特性：旋轉向外。
影響：所有住在這棟房子裡的人的活動力。

是住宅氣場的起動部位

住宅的中心部位，稱做'中宮'，相當八卦中的'太極'，具有中心樞紐的地位，是住宅中氣場的起動點，就如同風水的發動機一樣。

這個部位如果佈置得恰當，使中心的氣充沛豐裕、生動有力，就能帶動整個住宅的氣場，可以說是住宅九宮之中最重要的一個部位。

是最難佈置恰當的部位

八方的氣場比較獨立，有一點兒‘各自為政’的味道，所以動靜、強弱都容易判斷，調整的方法也比較單純。稍微有一點陰陽五行的常識，就可以試著自己調整。萬一調整錯誤，最多也只會牽涉一方，不至於影響大局。

中宮就不同了。它不但能影響整個住宅的風水，本身也會受到房子裡四面八方的影響。譬如說：家中其他八方氣場的強弱、住在這棟住宅裡每個人的健康與運氣、家具的擺設，甚至連寵物與盆栽的生長情形，都會改變這裡的氣場結構。處理的時候一個不小心，就會造成整個住宅的陰陽強弱不平衡，有牽一髮而動全身的關鍵性。

中宮在住宅裡的地位，正如電腦硬體裡面的CPU（中央處理器）。CPU的重要性大家都知道，但是很難自己設廠生產。中宮的風水也一樣，極重要，但是在調整的時候，到底該增強還是削弱？卻很難有絕對的規則可循，所以最不容易DIY。

以下歸納出幾個大概的原則，供大家作參考。（請注意，這些原則，不僅可以用在佈置房子的中宮上，根據物物一太極的原則，也可以用在每間房間的中宮上。）

» 宜潔淨整齊

髒亂最能製造穢氣。中宮是住宅整個氣場的啟動地，必須要保持整潔乾淨。這裡如果有晦氣，家裡的各個角落，無一能夠倖免。

所以絕對不要在中宮堆積雜物！垃圾桶尤其要避免擺在這個位置。家裡如果養寵物，喵喵的貓沙、狗狗的尿紙，都要不能放在中宮。

同樣的道理，如果房子的中宮是浴廁或者廚房，這棟房子的風水可以說是敗相已現，因為無論怎麼調整，都很難把浴廁的穢氣、廚房的火氣，轉化成吉氣。

位於中宮的廚房，在風水上稱作‘烈火攻心’，對家人的健康非常不利；位於中宮的廁所，會散播穢氣，給全家人帶來壞運氣。這樣的住宅，住在裡面的人不但無法積財，有時候連進財都有困難。住久了，臉上會有一層倒楣的氣色。

» 宜安靜平和

氣的流動，如果速度太快，流量太大，就容易變成煞氣。為了防止中宮有煞氣，最好能保持安靜。

因此應該盡量避免在中宮放置能響會動的電器。洗衣機和烘乾機是黑名單上的第一名。機器本身旋轉的力量，以及所散發出的熱氣、溼氣，對中宮的氣場極具威脅力。

其次是電冰箱，馬達的運轉會造成氣場的不安定，放在這個部位有害無益。

成天開著的電視，或者聲量放得很大的音響，當然也會破壞中宮的風水。不過假如只是偶爾使用，聲量也不放得很大，對於中宮氣弱的房子倒不是全無益處，所以不能一概而論。

還有樓梯，最好不要建在中宮。一方面氣會順著樓梯遽上遽下，造成氣場的不穩定。一方面人在這裡上上下下，促使氣場更為紊亂。

家裡人越多，小孩越多，來往的親友越多，樓梯就越不能建在中宮。

» 宜明亮不宜陰暗

明亮為陽，陰暗為陰。住宅稱作'陽宅'，需要的當然是陽氣。如果中宮明亮，家裡陽氣充沛，才能有風生水起的機會；要是中宮陰暗，陽氣衰微，家運很難振興得起來。

這裡的光線，當然以自然光為主。倘若自然光不夠，也可以借助燈光作補充。不過千萬不要為了引進自然光的緣故，在中宮部位的屋頂上開天窗。家裡凡是光線可以進來的地方，氣一定也可以由此進出；中宮如果有天窗，日夜洩氣，還談什麼風水？

» 不要放大型植物

'中宮'在五行中屬土，在九星中屬五黃土星，最怕旺木強剋。家裡如果有大型盆栽，千萬不要放在中宮的位置。

木製家具倒無所謂，因為本身已經沒有生長力了，無法再刑剋這裡的五黃帝王土。

衍易叢書
風水經典 上冊

2010年5月初版　　　　　　　　　　　　　　　　　　定價：新臺幣350元
2012年10月初版第二刷
有著作權‧翻印必究
Printed in Taiwan.

著	者	衍	易	女	史	
企　　劃	孫	玉	修			
發 行 人	林	載	爵			

出　版　者	聯經出版事業股份有限公司
地　　　址	台北市基隆路一段180號4樓
編輯部地址	台北市基隆路一段180號4樓
叢書主編電話	(02)87876242轉221
台北聯經書房	台北市新生南路三段94號
電話	(02)23620308
台中分公司	台中市北區健行路321號1樓
暨門市電話	(04)22371234 ext.5
郵政劃撥帳戶第	0100559-3號
郵撥電話	(02)23620308
印　刷　者	文聯彩色製版印刷有限公司
總　經　銷	聯合發行股份有限公司
發　行　所	新北市新店區寶橋路235巷6弄6號2F
電話	(02)29178022

叢書主編	林　芳　瑜
編　輯	林　亞　萱
封面設計	蔡　婕　岑

行政院新聞局出版事業登記證局版臺業字第0130號

本書如有缺頁，破損，倒裝請寄回台北聯經書房更換。　ISBN　978-957-08-3606-6 (平裝)
聯經網址 http://www.linkingbooks.com.tw
電子信箱 e-mail:linking@udngroup.com

國家圖書館出版品預行編目資料

風水經典 上冊/衍易女史著 . 初版 .
臺北市 . 聯經 . 2010年5月（民99年）.
232面 . 14.8×21公分 .（衍易叢書）
ISBN　978-957-08-3606-6（上冊）
〔2012年10月初版第二刷〕

1.相宅

294.1　　　　　　　　　　　　99007370